教材学概論

日本教材学会 編

図書文化

まえがき

　学習指導要領に示された教科等の目標の実現を図るため教科書を使用して授業を行っていますが，児童生徒が学習活動に主体的に取り組んだり，習得した知識や技能を活用したりするためドリルやワークシートなどの補助教材は日常的に活用されています。しかし，「児童生徒一人一人に確かな学力を育むための適切な教材」「児童生徒一人一人の学習状況に応じることのできる適切な教材」とは何か，といった教材に関する包括的・系統的に学ぶことのできる適切なテキストはありません。

　中央教育審議会は，次期の学習指導要領に向けた改訂作業に取り組んでいますが，学校教育で育成すべき資質・能力に関して3つの柱を示しています。

①「何を知っているか，何ができるか（個別の知識・技能）」
②「知っていること・できることをどう使うか（思考力・判断力・表現力）」
③「どのように社会・世界と関わり，よりよい人生を送るか（人間性や学びに向かう力等）」

　この3つの柱によって授業を組み立てるには，教師としての「専門的な資質・能力」が必要です。日本教材学会が作成した本書は，教職を目指すみなさんが教材に関する「専門的な資質・能力」を身に付けるうえで十分に役立てられるテキストです。また，現職の教師のみなさんには，本書によって改めて教材の重要性を再認識され，これからの社会に巣立つ児童生徒に対して，3つの柱に基づいた豊かな学びを成り立たせるために活用できます。

　教育界は激しく，大きく動いています。教師は「教える専門家」として力量を高めることは当然ですが，教育界の動向に取り残されないよう「学び続ける」ことも重要です。本書を活用し，包括的・系統的に教材について「学び続ける」ことで，教師としての「専門的な資質・能力」の向上に努められることを期待しています。

　平成28年3月

　　　　　　　　　　　　　　　　　　　　日本教材学会会長　川野邊　敏

| 目次 | 教材学概論 |

まえがき

第1章 教材とは ……………………………………………………… 7
●教育学における「教材」の定義 ●日本における制度 ●カリキュラム・教育課程と教材 ●教材研究

第2章 教材に関する制度・作成・研究と教材の歴史 …………… 16
●教材使用についての法制度等 ●教材はどのようにして作られているか ●教材はどのように使われ、成果を上げているか ●教師の教育力、指導力、研究力の向上を ●教材の歴史

第3章 教材の種類、性格、機能 …………………………………… 33
●教材を種類分けする意義 ●教材と教具 ●主たる教材と補助教材 ●アナログ教材とデジタル教材

第4章 教育・心理検査と教材 ……………………………………… 45
●教育・心理検査と教材の関係 ●教育・心理検査とは ●妥当性と信頼性 ●教育・心理検査の分類 ●教育・心理検査のバッテリー利用 ●教育・心理検査の教材としての活用
　コラム ●問題内容を標準化するための検討の例　47
　コラム ●標準学力検査と全国学力・学習状況調査の違い　56

第5章 学習指導要領と教科書、補助教材 ………………………… 58
●教育内容と関係法令 ●学習指導要領 ●教科書と補助教材
　コラム ●学校現場では混乱「総合的な学習の時間」　64

目次

第6章　情報通信技術と教材……………………………………………72
●情報通信技術と教材との関係●教育内容としての教材●学習指導のための教材●学校経営や指導事務のための教材●情報通信技術の活用と著作権問題

第7章　教科と教材研究……………………………………………84
●「教科」について●「教科」の特性と内容●教科の目標・内容と教材

第8章　道徳教育と教材……………………………………………98
●「特別の教科　道徳」の設置●道徳教材の開発の視点●道徳授業と発問づくり●道徳性の評価と生徒指導●道徳性評価の蓄積と教材化

第9章　総合的な学習の時間と教材………………………………111
●「総合的な学習の時間」と教材●総合的な学習の教材研究●総合的な学習の教材活用●子どもが引き出した価値の評価

第10章　特別活動と教材……………………………………………123
●特別活動とは●学級活動・ホームルーム活動と教材●児童会活動・生徒会活動と教材●クラブ活動・部活動と教材●学校行事と教材●まとめ

第11章　特別支援教育と教材………………………………………135
●特別支援教育における教材・教具の動向●障害の特性を踏まえた教材・教具●発達障害の特性を踏まえた教材・教具●ユニバーサルデザインで活用する教材・教具

第12章　地域と教材…………………………………………………148
●はじめに●地域コミュニティの創設と中学生の役割●地域の人々との協働活動●防災の観点からの学習指導（日本の様々な地域）●地域のレジリエンスを高める身近な地域の学習指導●おわりに

第13章　生涯学習と教材　……………………………………………… 158
●生涯学習時代の到来 ●学校教育観の転換と教材の関係 ●成人の学習と教材 ●幼児及び高齢者の学習と教材

第14章　教材の開発・活用　………………………………………… 172
●はじめに ●教材開発・活用の方法 ●学習者の学びを促進する教材の開発・活用 ●マルチメディアを利用した教材の開発・活用 ●教材の評価・改善の方法 ●教材開発・活用と著作権 ●今後の教材開発・活用

第15章　これからの教育と教材　…………………………………… 185
●２つの問題 ●AIと私たちの教育 ●極点社会の到来と私たちのESD教育 ●これからの教育と教材

コラム ●これからなくなる仕事・生き残る仕事　189
　　　　●極点社会の衝撃：消滅する故郷　193

付録　教育に関する主要法令（抄）等
●日本国憲法　198
●教育基本法　199
●学校教育法施行規則　202
●小学校学習指導要領・総則　204

キーワード・索引　208

第1章　教材とは

1　教育学における「教材」の定義

　教育学では「教材」について，様々な定義があり，必ずしも一義的ではない。教育学関係の事典・辞典における定義をみてみよう。

　「教材」に当たる英語としては，teaching materialsとinstructional materialsという言葉があるが，International Dictionary of Education（Kogan Page刊）では，それぞれについて異なった定義を下している。前者については，「Materials devised for use in teaching a particular course or subject」（特定の科目または教科の指導において活用するために考案された素材），後者については，「General term for audio-visual aids or printed texts which assist teaching or learning. Also termed didactic material.」（教育または学習を補助する視聴覚器具または印刷されたテキスト。didactic materialともいう。）と説明されている。

　また，Dictionary of Education（McGraw-Hill Book Company刊）では，teaching material とinstructional materialとは同義とされ，後者の見出しで，以下のように説明されている。

　「any device with instructional content or function that is used for teaching purposes, including books, textbooks, supplementary reading materials, audiovisual and other sensory materials, scripts for radio or television instruction, programs for computer-managed instruction, instruction sheets, and packaged sets of materials for construction or manipulation.」（教育目的で活用される教育的内容または機能を有するすべての考案物で，図書，教科書，補助的な読み物，視聴覚その他の感覚材，ラジオまたはテレビを通じた指導のための台本，コンピュータを使った指導のためのプログラム，指導で配布される資料，制作・操

作のためのパッケージ化された素材を含む。)

　我が国における教育学関連の事典・辞典における定義も一定ではなく,「教材」の項目がないものも多い。例えば,昭和29年に刊行された『教育研究事典』(石山脩平,梅根悟ほか編,金子書房)には「教具」の項目はあるが「教材」はない。以下においては「教材」が項目として設定され,定義が下されているものをいくつか例示してみよう。

- 「陶冶財Bildungsgutと言ふ。教授の材料たる文化財。」(篠原助一著『教育辞典』(昭和10年,寶文館)
- 「学習対象であると同時に教授手段である。学習(教授)内容を習得するために子どもがはたらきかける学習対象のうち,目的にかなった学習が生起するように意識的に工夫された教授手段としての学習対象が教材である。」(寺崎昌男・平原春好編『教育小事典』学陽書房,1982,執筆:宮坂義彦)
- 「教育目的達成の必要に応じ,子どもや青年に習得させるために選択された文化的素材をいう。」(大田堯ほか編『教育小辞典』岩波書店,1982)
- 「学習指導上の素材。一定の定義はなく,広い意味では,各教科における具体的な指導内容,あるいは教科書,付属資料などを指す。広い意味では,いわゆる教具(教育用具)をも含む。」(辰野千壽編『学習指導用語事典』教育出版,1987,執筆:田中敏)
- 「授業において教師の授業活動と児童・生徒の学習活動との間を媒介し,教授・学習活動の成立に役立つ材料のすべてを一般に教材と呼ぶ。」(今野喜清・新井郁男・児島邦宏編『第3版学校教育辞典』教育出版,2014,執筆:柴田義松)

　以上に例示したように,「教材」のとらえ方は多様であるが,日本教材学会編の『教材事典』(東京堂出版,2013)では,「教材の概念」の項で,「教材というのは,関係概念である」(執筆:小笠原喜康)と端的なとらえ方が提示されている。

　まさに,以上の諸定義をみても分かるように,「教材」は関係概念であることが分かるが,重要なのは,どのような関係であるかということである。様々な

関係性を読み取ることができるであろうが，重要なポイントは，教育の目的・目標との関係，目的・目標を達成するための内容との関係，対象との関係，道具との関係などであろう。こうした視点を踏まえて，ここでは以下のように定義付けることにする。

「教育の目的・目標を達成するための内容を，教育の対象者に理解させるために制作・選択された図書その他の素材。広義には，教えるための道具としての教具を含む。」

教材を「文化財」と定義している事典・辞典も少なくない。広辞苑によれば，「文化財」は，「文化活動の客観的所産としての諸事象または諸事物で文化価値を有するもの」と定義されている。教育活動も文化活動の一種であるから，作成・選択された教材を文化財とみなすことはできるであろうが，教材の多様性から考えて，これについてはいろいろ論議のあるところであるので，ここでは単に「素材」とした。

その他の素材としての教材は，テレビ・コンピュータなどの道具を使ったメディア教材など道具の種類に応じた教材，視聴覚教材・映像教材といったように教材の性格に応じた教材，修得教材・習熟教材・評価教材（テスト教材）など教育の目的に応じた教材など，様々に分類できる。

また，道具に関連して付言すると，「御物」（独 Gaben）という言葉がある。これは幼稚園の創始者フレーベル（Frobel, F.）が考案した遊戯・作業向けの教具などのことで，神から幼児に授けられたものという意味が込められている。これは道具であるが機能的には教材でもあるといえるであろう。

なお，実物教授（object teaching）という用語がある。これは教科書のように教える側＝教師などが作成あるいは選択した教材を使用するのではなく，実際に存在する物（real objects）を学ぶ側・教えられる側が観察したり調べ学習（observational study）をしたりすることを中心にした授業のことである。

教材は学ぶ側（生徒）からは学習材ということになるが，学習材といった場合には実物も含まれるといってよいであろう。

2 日本における制度

(1) 教科書が「教科の主たる教材」

　一般的には，教科書は教育のために使われる図書のことであるが，我が国では，昭和23年に制定された「教科書の発行に関する臨時措置法」において，教科書を「教科の主たる教材」と規定しており，これが現在も適用されている。この規定では，教科書は文部科学大臣の検定を受けたものと，需要が少ないため文部科学省が名義を有するものがある。いずれも授業において使用することが義務付けられている。

　しかし，高等学校，中等教育学校の後期課程，特別支援学校並びに特別支援学級において，適切な教科書がないなど特別な場合においては，これらの教科書以外の図書（一般図書）を教科書として使用することができることになっている。

(2) 補充教材

　前述のように，我が国では国の検定を受けた教科用図書としての教科書が「主たる教材」とされ，その使用義務が課されているが，それ以外の教材を使用することができると学校教育法に定められている。

　検定に不合格となった教科書を教材として使用したり，児童生徒に使用させてはならないとされているが，法令解釈として，教科書の教え方や補充教材（一般には，補助教材ともいわれる）との使用上の比重等は教育方法の自由に委ねられている。

　以上は，あくまでも教科用図書としての教科書とその他の教材との関係であるが，教科以外の時間（総合的な学習の時間，特別活動，外国語活動など）については教科書はないので，「主たる教材」と「補充教材」という分類はない。

　いずれにしても教科書以外の教材の使用については，「地方教育行政の組織及び運営に関する法律」において，教育委員会の承認を得なければならないことになっている。

(3) 教材と教具の関係

　先に，教材は広義には教具を含むと定義した。教具は，授業展開のための補

助手段であるという意味では教材と同じであるが，教材は学習内容を具現しているのに対して，教具は教育・学習の展開を補助し有効にする物質的手段である。教材がソフトウェアであるのに対し教具はハードウェアであるということができるであろう。具体的には，黒板，OHP，テレビ受像器，パソコン，理科の実験器具，体育の用具などである。

しかし，教具は，教材となることもある。例えば，望遠鏡は天体についての教育を行う場合には教具であるが，望遠鏡という装置自体について教える場合には，望遠鏡は教材となる。つまり，ハードウェア自体について学ばせる場合には，それはソフトウェア＝教材になるということである。

国としては，これまで教材の整備のために財政措置を講じてきているが，国（文部科学省）が「教材整備」というときの「教材」には，跳び箱，理科の実験器具などの教具が含まれている。

主たる教材としての教科書は紙が媒体＝道具となっている教科用図書であるが，いま政策的に大きな課題となっているのは教科書等のデジタル化で，これは道具を紙からコンピュータに転換しようとするものである。道具が紙であるかコンピュータであるかによって，教育の効果が異なるとすれば，道具も教材として機能しているということになるので，教材を作成・選択し，それを教育活動において活用する場合には，道具との関連を考えることが重要といえるであろう。

3 カリキュラム・教育課程と教材

(1) カリキュラム＝curriculumと教材

カリキュラムというのはラテン語のcursum（走路）が語源で，元来，コース・オブ・スタディ（course of study），すなわち，どのような幅でどのような経路で学習するのかを構造化したものという意味である。カリキュラムを構造化する場合の視点として，スコープ（scope）とシークエンス（sequence）という用語がある。スコープは教える内容の幅のことであり，シークエンスは，教える流れ＝順序である。しかし，近年は，教育の目的・目標を達成するために

学校に用意される「学習経験の総体」というように，意味が拡大されて使われるようになっている。

潜在的カリキュラム（latent curriculum）とか隠れたカリキュラム（hidden curriculum）いう用語があるが，これは教える側が意図していないことを，学ぶ側が学び取る経験を意味している。このようにカリキュラムを広い意味に使うことになっていることから，教える側が目的・目標を達成するために構造化したカリキュラムは，顕在的カリキュラム（manifest curriculum）と呼ばれている。

このようにカリキュラムを広い意味に使うようになっていることから，それには教材を含んでいるといってもよいであろう。

(2) 教育課程と教材

教育課程はカリキュラムに相当する日本語であるが，現在の我が国においては，教育課程は中央教育審議会の答申に照らして，文部科学省が作成する学習指導要領に沿って，各学校が編成するものであり，「主たる教材」とされる教科書＝教科用図書も，学習指導要領に照らして検定が行われている。

このように教育課程の土台となる学習指導要領では，教育課程編成の一般方針，各教科等，各学年ごとの目標及び内容だけでなく，教科によっては，教材の取り上げ方について配慮すべき点が提示されている。例えば，小学校の国語については，国語に対する関心を高め，国語を尊重する態度を育てるのに役立つこと，伝え合う力，思考力や想像力及び言語感覚を養うのに役立つこととか，「読むこと」の教材については，説明的な文章や文学的な文章などの文章形態を調和的に取り扱うこと，といったことが指摘されている。

教科書はこうした観点を踏まえて作成され，検定されているのであるが，教科書を補充する教材についても重視されなければならないことである。

なお，カリキュラム開発（curriculum development）というのは，教育学としては，学校が主体的・自律的・創造的にカリキュラムを創るといった意味に使われるが，我が国においては，国などから指定された学校が学習指導要領に提示されている枠を超えて教育課程を編成する場合を指している。しかし，補充

教材という点では，各学校は，学校や児童生徒等の実態に応じて，主体的に活用・作成することが重要である。

4　教材研究

(1)　教材研究の意義

以上に述べてきたように，我が国においては，国の検定を経た「主たる教材」としての教科書を使用することが義務付けられており，必要に応じて補充教材を使うことができることになっている。しかし，教科書をどのように使うか，それと関連してどのような補充教材をどのように活用するか，どのような補充教材を自主的に作成するかについては各学校，各教師が主体的に考えるべきことである。

教科書については，「教科書を教える」のではなく「教科書で」教えるのでなくてはならないとよくいわれるが，このことは各学校，各教師が教科書の使い方について研究すべきことを示唆している。では，どのような研究が重要であろうか。

(2)　研究の観点

研究の観点については種々意見のあるところであるが，我が国における教材の制度に照らして，特に重要と思われる研究の視点は以下のようであろう。

①　教材の解釈についての研究

第一に，教科書やその他の教材が，学習指導要領に示されているどの目標・内容と関連しているかについて解釈を行うことが重要である。例えば，国語の教科書に含まれている物語（これ自体1つの教材であるが）は，どのような目標・内容を達成するものであるかについて，授業を行うに当たって事前に研究＝解釈しておく必要がある。授業においては教師からの問いかけに対して，子どもからは様々な意見＝解釈が出てくるであろうが，教える側で事前に解釈をしておかないと，授業は拡散的になってしまうであろう。

②　教科書と補充教材の関連についての研究

補充教材は，その言葉が示すように，あくまでも「主たる教材」としての教

科書を補充するためのものであるから，教科書のどこを補充するのかについて明確にしておく必要がある。補充教材の分量も必要にして十分なレベルであることが重要である。

また，補充教材は，学校での授業で使用するものだけでなく，家庭で事前に行う予習のための教材と，授業の後に行う復習のための教材も重要であるので，それについての研究も行わなくてはならないであろう。

③ 教える教材と学ばせる教材の関連についての研究

授業などにおいては，教師から教えることと子どもに主体的に学ばせることの両方が重要である。したがって，教材についても，教える教材と学ばせる教材を関連させて研究する必要がある。

④ 児童生徒の学習スタイルなどに応じた教材の研究

児童生徒は習熟度が異なるだけでなく，学習スタイル（適性）なども多様である。したがって，子どもの適性と教材との間には相性関係がある場合がある。すべての子どもに一様に有効である場合と，子どもの適性によって有効でない場合もある。「ATI（Aptitude-Treatment-Interaction）＝適性処遇交互作用」という理論がある。子どもの適性と教育方法との間には関連があるという理論であるが，これは教材についてもいえることである。例えば，映像や画像を使うと理解ができる子どもがいる一方，逆に文字教材のほうがよく理解できるといった子どももいるといったことである。こうした関係はまだ仮説の段階にとどまっているので，教材を選択・作成・活用する学校現場が臨床的に研究していく課題である。

なお，ここで適性といっているのは，年齢・性別，学習スタイルなどを含めた多様な概念である。

⑤ 教科横断的教材の開発研究

主たる教材としての教科書は，教科用図書であるが，授業においては，教科横断的な指導が重要となっているので，そのような指導を行うための補助教材について研究することが重要である。

平成20年1月17日に出された中央教育審議会の答申「幼稚園，小学校，中学

校，高等学校及び特別支援学校の学習指導要領等の改善について」は，「社会の変化への対応の観点から教科等を横断して改善すべき事項」として，情報教育，環境教育，ものづくり，キャリア教育，食育，安全教育，心身の成長発達についての正しい理解，といった項目を挙げている。

　教科書は教科用の主たる教材で，教科ごとに作成されているが，教育すべき内容には教科横断的なものが多くある。したがって，各教科の指導においても，教科を横断する教材の開発，活用などについての研究を行うことが重要である。例えば，環境教育については，答申は「科学的なものの見方や考え方をもたなくてはならないことを学ぶこと」の重要性に加えて，「自然に対する豊かな感受性や生命を尊重する精神，環境に対する関心等を培うこと」の必要性を提言している。このことから分かるように，環境教育は，理科，社会，道徳などにかかわる事項であるので，関連する教科等の補充教材について研究することが重要である。

　以上，教材研究の観点を5つ指摘したが，これは例示であり，これにとどまるものではない。要は，教材はただ受動的に受け取るのではなく，各学校，各教師などのレベルで，学校，学級，児童生徒，地域などの実態に照らして研究することが重要である。

　「Teacher as a researcher＝研究者としての教師」という言葉がある。教師は教育の実践者であるが，同時に研究者でもなくてはならないということである。

（新井　郁男）

第2章　教材に関する制度・作成・研究と教材の歴史

1　教材使用についての法制度等

(1)　憲法並びに教育基本法における教材使用についての保障

　図書教材（教具・教材・教育機器・IT教材・デジタル教材を含む。以下「教材」という）の使用は，憲法第26条に基づき，子どもたちの教育権，学習権を保障する立場から作られ使われて，高い教育成果を上げているものである。

> **日本国憲法**
> 第26条　すべて国民は，法律の定めるところにより，その能力に応じて，ひとしく教育を受ける権利を有する。
> 　2　すべて国民は，法律の定めるところにより，その保護する子女に普通教育を受けさせる義務を負ふ。義務教育は，これを無償とする。
>
> （下線は筆者）

　また，2006（平成18）年施行の教育基本法では，第5条（義務教育）において，普通教育の実施に関する国，地方公共団体の責任を明確にするとともに，保護者に対しても，子どもの教育に必要な教育費を負担し，子どもたちの教育権，学習権を保障しなければならないことを定めている。

　したがって，教材の使用にかかる経費については，すべて国，地方公共団体の負担にすべきだという意見もあるが，法律上は公教育における授業料以外の経費は，保護者が負担することになっている。

第2章　教材に関する制度・作成・研究と教材の歴史

> **教育基本法**
> 第5条　国民は、その保護する子に、別に法律で定めるところにより、普通教育を受けさせる義務を負う。
> 2　義務教育として行われる普通教育は、各個人の有する能力を伸ばしつつ社会において自立的に生きる基礎を培い、また、国家及び社会の形成者として必要とされる基本的な資質を養うことを目的として行われるものとする。
> 3　国及び地方公共団体は、義務教育の機会を保障し、その水準を確保するため、適切な役割分担及び相互の協力の下、その実施に責任を負う。
> 4　国又は地方公共団体の設置する学校における義務教育については、授業料を徴収しない。

なお、『教育基本法』(2006) では、第3条において「生涯学習の理念」を、第10条において「家庭教育」を、さらに第11条においては「幼児期の教育」を新たに加え、それぞれの教育が円滑かつ強力に進められなければならないことも明確にしている。

従来教材は、学校において主として使われてきたが、『教育基本法』の立場からみると、生涯学習の実施をはじめ、家庭教育や幼児教育を進める立場からも、それぞれの教育を進めるために、必要な教材の使用が求められている。

(2)　学校教育法における教材の取り扱い

憲法第26条（教育を受ける権利、教育を受けさせる義務、義務教育の無償）並びに、教育基本法第5条（義務教育）などを受け、学校教育法第34条（教科用図書その他の教材の使用）では、教科書については、その使用を義務付けている。

> **学校教育法**
> 第34条　小学校においては、文部科学大臣の検定を経た教科用図書又は文部科学省が著作の名義を有する教科用図書を使用しなければならない。
> 2　前項の教科用図書以外の図書その他の教材で、有益適切なものは、これを使用することができる。

一方、教科書以外の図書その他の教材については、「有益適切」であることを条件に、学校で、子どもたちの基礎学力を高めるため、自由に使用することが

認められている。

なお,この規定は中学校,中等教育学校,高等学校においても適用されることになっている。

(3) 「地方教育行政法」並びに「学校管理規則」における教材の取り扱い

2006年に改正された「地方教育行政の組織及び運営に関する法律」では,第33条(学校等の管理)において,教材の扱いについては,教育委員会ごとの「学校管理規則」に,その扱い規定を定めることになっている。

地方教育行政の組織及び運営に関する法律(地方教育行政法)

第33条 教育委員会は,法令又は条例に違反しない限度において,その所管に属する学校その他の教育機関の施設,設備,組織編制,教育課程,教材の取扱その他学校その他の教育機関の管理運営の基本的事項について,必要な教育委員会規則を定めるものとする。この場合において,当該教育委員会規則で定めようとする事項のうち,その実施のためには新たに予算を伴うこととなるものについては,教育委員会は,あらかじめ当該地方公共団体の長に協議しなければならない。

2 前項の場合において,教育委員会は,学校における教科書以外の教材の使用について,あらかじめ,教育委員会に届け出させ,又は教育委員会の承認を受けさせることとする定を設けるものとする。

「学校管理規則」の例を「東京都公立学校の管理運営に関する規則」についてみる。

東京都公立学校の管理運営に関する規則

(教材の使用)

第17条 学校は,文部科学大臣の検定を経た教科用図書若しくは文部科学省が著作の名義を有する教科用図書又は法附則第9条に規定する図書(以下「教科書」という。)以外の図書その他の教材(以下「教材」という。)で,有益適切なものを使用し,教育内容の充実に努めるものとする。

(教材の選定)

第18条 学校は教材を使用する場合,第14条により編成する教育課程に準拠しかつ,次の各号の要件を具えるものを選定するものとする。

　1　内容が正確中正であること。

　2　学習の進度に即応していること。

> 　3　表現が正確適切であること。
> 2　前項に規定する教材の選定に当つては，保護者の経済的負担について，特に考慮しなければならない。
>
> （承認または届出を要する教材）
> **第19条**　校長は，教材を使用する場合，次項各号に規定するものを除き，使用開始期日30日前までに，委員会の承認を求めなければならない。
> 2　校長は，学年又は学級全員若しくは特定の集団全員の教材として，次のものを継続使用する場合，使用開始期日14日前までに委員会に届け出なければならない。
> 　1　教科書と併せて使用する副読本，解説書その他の参考書
> 　2　学習の過程又は休業日中に使用する各種の学習帳，練習帳，日記帳の類

「学校管理規則」によれば，子どもたちの学力を高めるため「有益適切な教材」であるとの条件が満たされていれば，教材を自由に使って「教育内容の充実に努めること」を教師に奨励している。

また，教材の選定については，「内容が正確中正であること。」「表現が正確適切であること。」の条件を満たしているものを選定し，使用することを認めているとともに，保護者の教育費負担についても充分配慮して選定するよう定めている。

具体的な使用手続きについては，承認を求めるものと，届出だけでよいものとに分け，それぞれ必要な手続きを経てから使用することになっている。

(4)　『学習指導要領』における教材の取り扱い

2008（平成20）年3月に公布された『小学校学習指導要領』では，第1章総則の第4（指導計画の作成等に当たって配慮すべき事項）の2に，次のような内容（抜粋）が盛り込まれている。

「学習指導要領」（文部科学省）

> **小学校学習指導要領** 第1章 総則 第4—2
> (1) 各教科等の指導に当たっては，児童の思考力，判断力，表現力等をはぐくむ観点から，基礎的・基本的な知識及び技能の活用を図る学習活動を重視するとともに，言語に対する関心や理解を深め，言語に関する能力の育成を図る上で必要な言語環境を整え，児童の言語活動を充実すること。
> (2) 各教科等の指導に当たっては，体験的な学習や基礎的・基本的な知識及び技能を活用した問題解決的な学習を重視するとともに，児童の興味・関心を生かし，自主的，自発的な学習が促されるよう工夫すること。
> (6) 各教科等の指導に当たっては，児童が学習内容を確実に身に付けることができるよう，学校や児童の実態に応じ，個別指導やグループ別指導，繰り返し指導，学習内容の習熟の程度に応じた指導，児童の興味・関心等に応じた課題学習，補充的な学習や発展的な学習などの学習活動を取り入れた指導，教師間の協力的な指導など指導方法や指導体制を工夫改善し，個に応じた指導の充実を図ること。
> (9) 各教科等の指導に当たっては，児童がコンピュータや情報通信ネットワークなどの情報手段に慣れ親しみ，コンピュータで文字を入力するなどの基本的な操作や情報モラルを身に付け，適切に活用できるようにするための学習活動を充実するとともに，これらの情報手段に加え視聴覚教材や教育機器などの教材・教具の適切な活用を図ること。
> (10) 学校図書館を計画的に利用しその機能の活用を図り，児童の主体的，意欲的な学習活動や読書活動を充実すること。
> (11) 児童のよい点や進歩の状況などを積極的に評価するとともに，指導の過程や成果を評価し，指導の改善を行い学習意欲の向上に生かすようにすること。
> (12) 学校がその目的を達成するため，地域や学校の実態等に応じ，家庭や地域の人々の協力を得るなど家庭や地域社会との連携を深めること。また，小学校間，幼稚園や保育所，中学校及び特別支援学校などとの間の連携や交流を図るとともに，障害のある幼児児童生徒との交流及び共同学習や高齢者などとの交流の機会を設けること。

このようにニューメディア教材に合わせ，必要な図書，教材，教具を活用して，効果的な学習指導を進めるよう求めている。なお，2008年版『中学校学習指導要領』においても，小学校同様の内容が盛り込まれている。

2 教材はどのようにして作られているか

　教材作りの基礎・基本は，(1)『学習指導要領』並びに『学習指導要領の解説書』，及び『指導要録』についての研究，(2) 教科書並びに教師用指導書についての研究，(3) 教材作りについての理論と方法の研究，(4) 学力調査等の研究である。

(1)　『学習指導要領』とその解説書並びに『指導要録』の研究

　各教科並びに道徳，「総合的な学習の時間」，特別活動のそれぞれにつき徹底した研究を行い，その成果を教材作りに反映するようにしている。

　具体的には，各教科，道徳，「総合的な学習の時間」の場合，それぞれの目標，各教科の目標及び内容，指導計画の作成と内容の扱いについての研究を，特別活動の場合は，目標，各活動・学校行事の目標，内容についての徹底した研究を行っている。

　また，2008年版『学習指導要領』では，小学校の場合，5〜6年生を対象とする「外国語活動」も加わったので，その目標，内容，指導計画作成と内容の扱いについても研究し，新しい教材の開発を行い発行している。

　さらに『学習指導要領』とその解説書並びに『指導要録』の研究では，教科ごとの基礎学力の構造や内容がどうなっているかを徹底して分析・研究することにしているが，例えばその例を国語に取ると，「話すこと・聞くこと」「書くこと」「読むこと」といったそれぞれの基礎学力の構造がそれぞれどのようになっているか，また，学年ごとにその構造や内容がどう変わり，進化・発展していくかにつき，また，従来発行していた観点別評価教材などにおける調査結果なども踏まえ，それぞれの基礎学力を科学的に分析研究し，まとめて，それぞれの基礎学力を高めるための教材作りに具体的に反映することにしている。

　基礎学力の構造や内容が正確に把握されていないと，学力を科学的につけさせるための教材作成ができないため，教材出版社はこの研究に最も力を入れて進めている。

　基礎学力研究については，1979（昭和54）年に，財団法人図書教材研究センターが基礎学力に関する研究プロジェクト（チーフ・東京学芸大学教授・佐島

群巳）を組織し，3年間にわたる研究成果をまとめ，1981（昭和56）年に『基礎学力に関する研究：学習指導要領，教科書，図書教材の関係とその分析の上にたって』を発行した。その内容は，「基礎学力を研究する意義・動向・成果」や「研究課題」，また「各教科における基礎学力」の研究をまとめている。

さらに，そのまとめの中で基礎学力を育てるための「図書教材作りの原則」として，

① 基本事項の理解・定着を図るためには，少なくとも3回以上のトレーニングが必要である。
② 図書教材を作る前提として到達目標を明確にし，下位目標を学習過程に即して検討する。一授業の組み立てを予測した図書教材作りが必要である。
③ 子どもの認識過程に即したシステムで図書教材が検討される必要がある。その過程で最も重要と思われる「用語」（ことば）「概念」が習得・獲得できるようにする。
④ 教科書は，図書教材作りの原点であり，教科書の教材分析の方法を明らかにすることによって子どもに順次形成したい「概念」を明確にする。
⑤ 図書教材は，望ましい概念形成過程に比べると大変「穴ボコだらけ」である。教科書自体も「穴ボコだらけ」である。最適な図書教材作りに必要な科学的認識の系列を明確にしていかなければならない。それは，子どもの作る科学的な認識の系列を無視し親学問に頼ればよいというものではない。
⑥ 子どもの認識過程に即して「目標分析」を行い，その目標達成に最も有効で豊かな「実験操作」「体験学習」を組織することが大切である。
⑦ 「問い」は，子どもが読んで分かるもので，問題解決活動のイメージがもてるものであることが大切である。

と指摘し，そのまとめとして「良い教材を作るためには，教科書を越えたところで，子どもにとって『わかる教材』で，かつ科学的認識が深められる最適教材を開発する努力が今後真剣に検討される必要がある」と提言し，図書教材作りのための基本について多くの示唆を与えている。

第2章　教材に関する制度・作成・研究と教材の歴史

(2) 教科書並びに教師用指導書の研究

　教材を作るに当たっては，『学習指導要領』等の研究の次に大切なのは，教科書並びに教師用指導書の研究である。

　教科書は『学習指導要領』並びに教科書の検定基準などに基づき，各教科書会社が作成し文部科学省の検定を経て，必要な改善などを行い発行され，学校教育法第34条に基づき，学校での使用を義務付けているものである。

　例えば，国語の教科書「小学校4年上」光村版（平成18年度版）の場合，教科書の全体構成，各単元の内容，単元ごとの解説や指導上の注意やヒント，「漢字の広場」，付録，「言葉の森」，「この本で習う漢字」等全頁に目を通し，その内容を正しく把握し，その内容を発展させたり，足りない部分を補充するため，教材としての立場から必要な学習事項を加えたりするなどの研究を徹底して行っている。

　次に教師用指導書の編集方針（教科書との対応，編集体制，新しい学力を目指して，学校・学級・地域に応じて，付録CD）について徹底した研究を行う。

　さらにこの指導書の中で，「教授資料の全体」として，学習指導書総説編，ワークシート集，学習指導書別冊・朱書編，指導事例集，「話すこと・聞くこと」「読むこと」の指導，言語指導の方法，漢字指導の方法，読書指導の方法・語彙表現，語彙指導の方法・指導事例編，情報活用力を育てる実践事例集（いずれも別冊）となっている教授資料についても徹底した研究をするなど，教科書全体の内容を正しく理解し，それを教材作りに反映するようにしている。

　教材には，教科書準拠の教材と教科書準拠でない標準的な教材とがあるが，教科書準拠の教材の場合はもちろん，そうでない場合であっても，教科書の内容は教材作りの上で，決定的に重要であることから，教科書研究の第2の作業として，教科書ごとの「単元到達目標一覧」を作成し，単元ごとの方向目標や到達目標を明確に整理し，これを教材作りの具体的な資料として有効に活用している。

　「教科書単元到達目標一覧」について国語を例にとると，教科書の単元ごとに単元名，領域（「話すこと・聞くこと」「書くこと」「読むこと」）につき，その単

元のどの部分がどの領域に該当するかを示す），方向目標（『学習指導要領』の観点，「国語への関心・意欲・態度」など），到達目標（「知識・理解・技能」など），到達目標に到達させるための留意事項・資料，『学習指導要領』の指導事項のそれぞれにつき，当該単元を分析してこれをまとめ，図書教材作りに役立てるようにしている。

(3) 図書教材作りの理論と方法の研究──修得，習熟，評価教材とは

現在，我が国のすべての小・中学校とその子どもの家庭で使われ，高い教育成果を上げている図書教材は，子どもの教育権や学習権を保障する立場から作られ使われているもので，学校教育法第34条「教科用図書その他の教材の使用」並びに地方教育行政法に基づく学校管理規則の「教材の使用」などにより使用されている。

教材と一口にいっても，教材には出版教材から，視覚的方法で再構成し，表現したものである図表，写真，絵，スライド，フィルム，ラジオ，テープ，シート，テレビ，ビデオ，トランスペアレンシー，コンピュータソフト，デジタル教材，ICT教材など，科学技術の発達に伴って多様な教材が開発され，使われている。

また，自然の事物，現象などをはじめ，人間生活の上で使われているものや見ることのできるものすべてが教材となり得るわけで，その範囲は無限に近いといわれ，教材にしようとすれば，万物すべてが教材になるともいわれている。しかし，ここでは出版教材を中心に，その内容に触れることにする。

現在，学校や家庭で使われている教材を大別すると下記の［修得教材］，［習熟教材］，［評価教材］の3つとなる。内容によっては，その2つあるいは3つの要素を兼ねたものもあるが，大きくはこのように分類し，それぞれの性格，機能などに触れることにする。

[修得教材]　子どもたちが授業を通じて授業の目標，内容を修得していけるよう工夫された教材で，学習の最も初めの段階で基礎・基本を学習することのできるような構造と内容をもったものである。
《準教科書，副読本，参考書，ワークブックなど》

第2章　教材に関する制度・作成・研究と教材の歴史

修得教材	
学習の基礎，基本を学ぶ	
教科書，準教科書，副読本，学習参考書，総まとめ教材，資料集，ワークブック，歴史年表，地図帳など	
習熟教材	
学習したことを反復練習し，スパイラルに習熟する	
練習帳，書き方，学習帳，プリント，ドリルブック，スキルブック，地図帳，白地図など	
評価教材	
学習したことを評価，測定，診断，治療する	
テストブック，プリントをはじめ，心理検査関係の標準学力検査，性格検査，知能検査など	

[習熟教材]　それぞれの教科の教育において求めている内容について理解し，習熟していけるように工夫された教材で，反復練習することによって知識や技術をスパイラルに深められる構造と内容をもっている。
《練習帳，学習帳，英語・国語単語帳，ドリルブック，スキルブックなど》

[評価教材]　教科書の単元の終わった時点あるいは中間などで，その単元での学習がどこまで到達したか，どこにつまずきがあったか，また，教師の指導の

25

良さ,まずさなどがどこにあったかなどを発見し,次の指導に役立てることを目的とした教材。
《テストブック,プリント,標準学力検査,知能検査,性格検査など》
　テストは本来,評価のための1つの手段で,ブルームの総括的評価,形成的評価という分類の提唱以来,我が国の学校でも,授業過程における評価の研究が著しく進んできたことにより,一層有効に活用されるようになった。

(4) 学力調査等についての研究

教材作りの上で,多くの示唆を与えるものとして学力調査あるいは学力に関する意識調査の結果がある。

学力調査は,文部科学省はじめ国立教育政策研究所,都道府県・市区町村教育委員会,都道府県市・区教育研究センターや教育研究所,各教科の研究会,大学,学会,小・中学校長会,全国教育研究所連盟,民間教育研究機関,教科書会社や図書教材出版社の実施するもの,さらには国際機関のIEAやOECDの実施するものなど,国内並びに国際的に多くの学力調査が行われている。

学力調査の問題や調査結果については,教材を作る上で,きわめて重要な資料となるため,それぞれの機関が実施した学力調査や学力に関する意識調査についての設問や調査結果などを収集し,分析研究するとともに,調査を実施した機関の関係者を招き,教材出版社の企画担当者や編集者が,その内容や結果について研究し,その成果を教材作りに有効に活用するようにしている。

3　教材はどのように使われ,成果を上げているか

教科書については,文部科学省の「検定」を経たものが使用を認められることになっているが,教材,教具,教育機器などについては,教育上「有益適切」であることを条件に,いろいろな教材が自由に活用され,児童生徒の基礎学力充実に役立てられることになっており,我が国のほとんどの小・中学校とその児童生徒の家庭でこれらの教材が有効に活用され,大きな教育成果を上げている。

もともと教科書は,教科の指導に当たっての重要な「教材」の1つとして,

教師がそれを活用して学習を進めるのに対し，いわゆる図書教材などは児童生徒の一人一人が自主的に学習できるような構造と内容，方法をもったもので，まさに自主学習を目的とした「学習材」であることが大きな違いであるといえる。

したがって「学習材」の選択は，学習指導要領はじめ指導要録，学校ごとの教育計画やその進度，地域の特性，子どもの発達段階，保護者の経費負担など総合的に考えて教師が選択して使用できるよう配慮して作り，普及しているのが実情である。

まさに戦後の教育は，文部科学省を中心に教育委員会の指導，小・中・高校の教師の努力，保護者の協力や教科書の活用に合わせ，これらの教材，教具，教育機器などが有効に活用され，大きな成果を上げてきたもので，まさに日本の戦後の教育を支え，発展させた原動力の1つであったものといえる。

4　教師の教育力，指導力，研究力の向上を

いま小・中・高校の現場では，教師の教育力や指導力，研究力の低下が大きな問題になっており，現場教師の教科の研究や教える技術の問題については，塾の教師や学者などを招き，研修するといったことが行われている。その背景には，教師の教材等についての研究不足や教える技術の未熟さがあるのではないかといった問題に加えて，基本的には教員養成制度の在り方や研修の在り方にも問題があるのではないかと指摘されている。

外国では国によって，教員養成大学の修業年限を6年制にしたり，4年間の大学課程を終わった後，さらに2年間のインターンシップ制をとったり，あるいは大学卒業後に，国家試験や教員採用試験などを受けて合格しないと教員に採用されないといった制度をとっているところもある。

我が国の場合，医師や薬剤師，獣医については6年制をとっているが，きわめて重要な人を教える大学については4年制のままで，しかもインターンシップの期間については，従来よりも非常に短くなっているばかりか，最近では研修を引き受ける学校さえも少なくなっているといわれている。

このことについては，国の教育方針や予算も重要な関係があるが，文化国家，教育国家といっているわりには，教育に対する国の予算があまりにも少ないのではないかと考えている。
　日本の高等教育予算は，OECD34か国中，下から3番目の31位で，GDPの0.5％となっている（2014年調べ）。OECD34か国の平均はGDPの1％となっているから，日本の場合はその半分といった情けない実情である。国として教育予算をもっと増やさなければ，文化国家の名に恥じるものではないかと憂慮している。したがって，教員養成大学の場合も6年制とし，教育技術の向上についても教科等の研究についてもみっちり学習ができる体制をつくり，高い技術，知識を身に付けるようにしてほしいと思っている。

5　教材の歴史──教育制度の変遷と教材

　日本の教育，教材の歩みは古代までさかのぼることができる。次ページにその一覧を示したように，聖典（経典）の伝承・研究など，主に支配層の教育から始まり，鎌倉時代から室町時代には武家階級，江戸時代には庶民にも教育の機会が広がっていった。読み書きばかりでなく，地理，歴史，道徳から生活に必要な知識を学ぶなど，江戸初期にかけて特に「往来物」と呼ばれる教材は日本の教育史には欠かせないものだった。
　「日本最古の学校」といわれる栃木県の足利学校は，現在「史跡足利学校」として残されているが，敷地内にある足利学校遺跡図書館には，五経の『周易注疏』や『礼記正義』など近世日本の教育遺産である多くの文化財が所蔵されている。

第2章　教材に関する制度・作成・研究と教材の歴史

(1) 古代～1872年学制公布までの主な教材

時　代	主な教材	概　要
飛鳥時代 （6世紀末～710年）	■祝詞…神主が神前で唱える言葉 ■仏典…仏教の聖典	●神宮，僧侶，貴族，上級官吏などが教材として使用
奈良時代 （710年～794年）		
平安時代 （794年～1185年）	■往来物…平安時代から明治初期まで使われた，往復書簡の形式をとった文例集，のちに単語集や知識集などにも発展していった	［読み，書き用の教材］ ●『明衡（めいごう）往来』…藤原明衡が著した，正月から12月までの手紙文を集めた，現存する最古の往来物
鎌倉時代 （1185年～1333年）		●『十二月往来』など季節感や行事を織り込み，生活の知識を書き込んだ往来物が作られる
建武の新政 （1333年～1392年）		
室町時代 （1336年～1573年）		●書簡の単語や単文を集めたもの，武士や商人・農民など身分に応じて必要な知識や慣習を盛り込んだもの，公文書などの文例など，書簡形式をとらない往来物も作られる
安土桃山時代 （1573年～1603年）		
江戸時代 （1603年～1868年）	■往来物　■漢籍 ■儒教書…『四書』（論語，大学，中庸，孟子），『五経』（易経，書経，詩経，礼記，春秋） ■歴史書，古典，人名地名書	●藩校，寺子屋，私塾が増え，庶民教育が発達する
明治時代 （1868年～1912年）	■翻訳図書を含む一般の書籍	●1872（明治5）年　学制公布

(2) 1872年学制公布後の教育制度と教科書

	教育制度	教科書
1871（明治4）年	文部省設置	
1872（明治5）年	学制公布（学校制度が確立）	自由選択
1880（明治13）年	使用禁止書目の発表	採択教科書を監督官庁に報告
1881（明治14）年	開申制（届出制度）	監督官庁に報告
1883（明治16）年	認可制	監督官庁の認可が必要
1886（明治19）年	検定制	
1904（明治37）年	国定制（小学校用教科書）	国定教科書を使用
1941（昭和16）年	国定制（中学校用教科書）	
1947（昭和22）年	学校教育法公布（6・3制発足）	検定教科書を使用
1961（昭和36）年	高等専門学校設置（5年制，商船に関する学科は5年6か月）	
1998（平成10）年	中等教育学校設置（6年制，中高一貫）	

(3) 教科書以外の教材

　日本の教育制度が確立されると，教科書に準拠した教材が発行されるようになった。

　教材は大きく分けて，資料集や地図帳のようにはじめからその役割を考えて作られたものと，帳面から発展してきたものがある。それらは印刷技術の発展に伴いカラー化され，写真，イラストを掲載し，詳細な情報，最新の統計を収録することにより視覚的にも教科書を理解する手助けとなってきた。現在は科学技術を駆使したIT教材，デジタル教材なども発行されている。

　現在教材は，教材会社だけでなく，教科書会社，各教科や地方の研究会，ローカル出版社などが作成，出版している。修得教材，習熟教材，評価教材に

第2章 教材に関する制度・作成・研究と教材の歴史

教科書以外の教材			
時　　代	教材の種類	概　　要	掲載内容の発展
明治時代 （1868年〜1912年）	●虎の巻 ●学習参考書 ●ノート ●地図帳 ●資料集 ●学習帳 ●ワークブック	国定教科書の発行に伴い，民間出版社から教科書に準拠した教材が発行される	・教科書の解説，解答 ・教科書の内容補充 ↓
大正時代 （1912年〜1926年）	●夏，冬休み帳 ●練習帳 ●教科別ノート ●ドリルブック ●教具類※	大正末期〜昭和にかけ教育の重要性が国民全体に浸透し，長期休暇中に学習するための教材が発行される	・カラー化 ・イラスト，写真多用 ・詳細な情報 ・最新の統計 ・キーワードの明示 ・カード・シール・事典を付録 ・ウェブ検索
昭和時代 （1926年〜1989年）	^	^	^
平成時代 （1989年〜）	●IT教材 ●デジタル教材 ●電子黒板 ●インターネット資料集		

※教具類…算数・数学セット，理科セット，家庭科セット，裁縫セット，各教科・道徳・特活・総合的学習で使用される教具，教材

大別し，基礎学力の定着はもとより，授業や自習，家庭学習など様々な場面で学習効果が上がるように，教材の種類によって役割と機能をもたせている。

（清水　厚実，山本　俊行）

〈参考文献〉
清水厚実ほか『図書教材利用の理論と実際』（財）図書教材研究センター，1970年
清水厚実ほか『教材論』（財）図書教材研究センター，1980年

清水厚実ほか『教材論―その研究と発展―』（財）図書教材研究センター，1981年
佐島群巳ほか「基礎学力に関する研究：学習指導要領，教科書，図書教材の関係とその分析の上にたって」（財）図書教材研究センター，1981年
山本俊行「図書教材の歴史―学校のうつりかわり展より―」図書教材新報，1992-1993年
清水厚実ほか『教材学―現状と展望―』（上・下巻）日本教材学会，2008年
文部科学省『小学校学習指導要領』2008年
文部科学省『中学校学習指導要領』2008年
清水厚実ほか『教材事典―教材研究の理論と実践―』日本教材学会，2013年
新井郁男ほか『教育学基礎資料（第6版）』樹村房，2013年
清水厚実ほか『教育の諸課題Ⅰ』研究紀要44号，（公財）日本教材文化研究財団，2014年

第3章 教材の種類，性格，機能

1 教材を種類分けする意義

(1) なぜ教材を種類分けするのか

なぜ，教材を分類・整理し，種類分けするのだろうか。

子ども部屋にたくさんのおもちゃが雑然と置かれている。だから遊びたいときに遊びたいおもちゃを探すのにいつも時間がかかり苦労する。また，新しいおもちゃを買ってもらうときに，何があって何がないかも不確かとなり，ときには重複して買ってしまうことになる。これがもし整理・整頓されていれば，遊びたいおもちゃを簡単に見つけることができるし，持っていないおもちゃにターゲットを絞っておねだりすることができる。

教材も同様である。多種多様な教材が活用されていればいるほど分類・整理が必要であり，種類といった区分けが効果を発揮する。"分類"は似たもの同士をまとめる作業的な営みであり，"種類"はそうした作業を経て得られるまとまりであり，結果である。分類し整理・整頓しておけば，どんな教材が不足しどんな教材が余り気味か，過不足が見えてくるし，必要なときに必要なものを迅速に取り出して利用することができる。また，種類別に分けてそれを分析すると，共通性や傾向性，留意点などのポイントがみえてくるから，新たな教材を開発したり研究したりするためのヒントや手掛かりがつかみやすくなる。したがって，教材の工夫改善や開発を促す上でも効果的である。

(2) 教材の性格，機能と種類の関係

本章タイトルの「教材の種類，性格，機能」とはどのようなものか，それらはどんな関係にあるのか，簡単に整理しておこう。学校の授業では多種多様な教材が利用されているが，それらの一つ一つには，それぞれ教材としての持ち

味や特質といった独自なものがみられる。そして、それらの教材が、授業などの学習指導の場においては、いわばもち屋はもち屋の形で持ち味、力を発揮して、子どもの学習、先生の指導に役立ち、貢献している。この文脈における、"独自の持ち味、特質"なるものが教材の「性格」に当たり、"その持ち味、特質を発揮している力"なるものが教材の「機能」に当たるものである。そして、教材は、学習指導の場において"もち屋はもち屋"の形で持ち味を発揮して学習指導に役立っているという文脈から、教材の「性格」と「機能」は学習指導上は不可分の関係にあり、一体となって役立っていることが分かる。

なお、教材の「種類」は、各媒体の特質やそれぞれの教材独自の持ち味（性格や機能）に着目して分類・整理したものである。すなわち、例えば「性格」、「機能」は教材が所持しているものであり、それに着目し、それらを共通性、類似性等から分類し整理した結果が教材の「種類」である。

本章では、教材に教具を含むかどうかについて、この問題は教材の性格、種類だけでなく教材の範囲にもかかわってくることから、最初に取り上げて考えることにする。次に、教材は、学校教育法などの法律上は「主たる教材」と「その他の教材」に二分されている（**図 3-1**）ことから、この点を教材の種類分

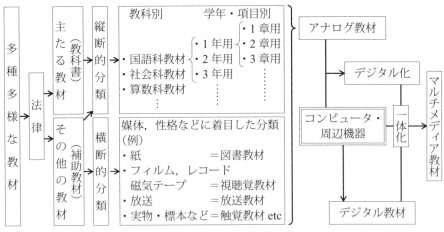

図 3-1　教材の種類一覧

けの原点と位置付けて検討する。その際，それと関連付けて教科の壁を考慮し，いわば教科縦断的な分類・整理について取り上げ，それが最も自然，明快な教材の種類分けであることに言及する。その上で，最近のコンピュータ（周辺機器を含む）の普及・進捗によって，デジタル教材の開発が進んでいる状況を大観する。その際，従前の教材をアナログ教材として一括りにする。そのアナログ教材は，様々な点に着目して教科横断的なヨコ型分類の種類分けが試みられてきたことから，それについて言及する。また，最近は，アナログ教材をデジタル化することが可能になり，それによって従前のアナログ教材もデジタル教材に組み込まれて一体化し，マルチメディア教材の世界が広がりつつある動向についても，教材の種類分けの観点から触れることとする。

2 教材と教具

(1) 広義と狭義の教材，教具

「教材とは？」という問いかけに対して，本書では「教育の目的・目標を達成するための内容を，教育の対象者に理解させるために制作・選択された図書その他の素材。広義には，教えるための道具としての教具を含む」と答え，「教材」を定義している（第1章9ページ参照）。この定義に基づけば，「教材」には広義と狭義があり，広義の「教材」（学習指導の際に効果を発揮し学習指導を助ける働きをするもの）を図示すると，「教具を含む」という文言から，**図3-2**の**A**のようになり，「教具」は「教材」という枠組みの中に位置付けられることになる。それに対して，「狭義の教材」では，「教材」は「教育内容を具現し，教育内容が含まれているソフトウェアで学習指導を助ける働きをするもの」に

A 本書の定義の教材観

B 「教材機能別分類表」の教材観

C 狭義の教材観

図3-2 3つの教材観

限定される。したがって，**図3-2**の**C**のように「学習指導を有効に補助するハードウェア」である「教具」とは一線を画することになる。

(2) 文部科学省の「教材機能別分類表」の教材観

文部科学省は2002（平成13）年に，従前の「標準教材品目」に代えて「教材機能別分類表」を提示，通達している。これは，「教材の機能的な側面に着目して分類・整理し，教材を選択し整備する際の留意点を示すもの」として取りまとめたものである。その際，特に「児童生徒が自ら学び，自ら考える力などの"生きる力"を育成する観点等を重視して教材整備が図られるよう」，大きく4つに分類している（**図3-3**参照）。

この「教材機能別分類表」では，「教材」という用語が多用されている一方，「教具」という用語は全く出てこない。したがって，基本的に，教具は教材に包含される広義の定義に立脚していることになるだろう。ただし，この「教材機能別分類表」における「教材」の意味を，前述の「教材」の定義に照合してみると，例えば「学校全体で共用可能な教材」としてテレビ，DVDプレーヤーや放送設備一式が例示されていることからも明らかなように，この分類表に挙げられているのは「教具」に属するものである。このことは「教材」という用語を「広義の教材」の意味で使っているだけではなく，意味内容の上では「教具」が「教材」を席巻，圧倒しており，**図3-2**の**B**のように，教材と教具の関係が**A**の教材観とは逆転しているといえる。換言すれば，「教材機能別分類表」で使用されている「教材」をすべて「教具」に置き換えれば，本来の定義，分類に合致させることができるということである。こうした点を踏まえると，「教材機

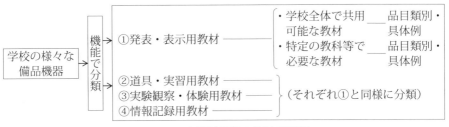

図3-3　文部科学省の教材の種類

能別分類表」で使用している「教材」は、例外的で特異な使い方であるといえる。通常は第1章の定義に基づく形でAないしはCの教材観に立脚して「教材」「教具」を使用することが妥当であるといえよう。

なお、「教材機能別分類表」の①〜④の分類（図3-3）は、実質的には「教具」を分類した希少なものであり、教具の種類を検討する上では大いに参考になるだろう。その際、"生きる力"を育むといった教育目標を踏まえて教具の機能に着目し、分類・整理した点を大切にしたい。

3　主たる教材と補助教材

(1)　特別視されている教科書

小・中・高校の教室の授業風景を思い出してみよう。児童生徒が整然と座り、黒板の前に立つ先生の問いかけに応じて、挙手をし、発言したりしている。机の上には教科書、資料集やノート、筆箱が置かれ、必要に応じて教科書を読んだり、板書された内容をノートに書き写したりしている。黒板の横にはテレビがあって時々動画が映されたり、また、掛図や写真などが提示されたりして、それをみんなで視聴したり読み取ったりしている。ワークシートや資料プリントが配布され、それを使って調べたり話し合ったりもしている。

授業では、このように普通教室の授業に限っても、その場に応じた多種多様な教材が利用されている。そうした中で、もし授業中に使われている教材を「"主たる教材"と"補助教材"に分けてみよう！」と問われたら、どう分けるだろうか。恐らく授業を振り返り、分析して、学習指導の内容や方法に照らしてどの教材がメイン、どの教材がサブであったかを検討し、判断することになるだろうだろう。そうした実質的な面から主副を判断することは重要な営みである。しかし、ここではもう一つの側面、すなわち法律上からの判断について言及することとする。

実は、何が"主"の教材で何が"副"の教材であるかは、法律上では授業以前に既に明確化されている。すなわち、学習指導上の役割いかんにかかわらず、"主たる教材"は教科書のみであり、それ以外の教材はいずれも"補助教材"、

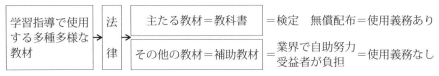

図 3-4　法律上の教材の種類

の位置付けになっている（**図 3-4** 参照）。そして，"主たる教材"は，今日，義務教育においては国が負担し，全児童生徒に無償で配布されているが，"補助教材"は保護者の負担が原則となっている。また，このこともあって教科書は授業で使用することが義務付けられているが，自由採択の補助教材にはそうしたルールはない。このように"主たる教材"と"補助教材"を比較すると，法律上はけっこう大きな差がみられる（第 2 章，第 5 章参照）。

(2)　相補関係にある教科書と補助教材

法律上ではけっこうな差があるが，実際の授業では，"主たる教材"の教科書だけでは学習指導を円滑，効果的に展開することは困難であり，"補助教材"が併用され，大きな役割を果たしている。

考えてみれば教科書は無償配布であり検定を経る必要があることから，記述内容のみならず，判型，ページ数，定価などにおいてもそれなりの制約がある。例えば，記述内容は公正・中立への配慮から誤りや偏りのない記述が要請される一方，学習指導要領で示された内容についてはもれなく具体化して記述する必要がある。その結果，様々な観点に留意して要領よく書く必要があり，ややもすると要点中心の記述となって臨場感に欠けたり説明不足に陥ったりしがちになる。また，興味・関心や学習意欲を喚起するためには，複数の写真・図版資料の提示をしたり，場合によっては動画やイラストの資料を併用することが効果的であったりするが，教科書ではスペース上の制約などから，それが実現困難である。換言すれば，分かりやすく効果的な学習指導を展開する上で，"補助教材"が重要な役割を果たしているということである。

そうした点を踏まえると，法律上では"主たる教材""補助教材"に大別されるが，実際の授業では両者は相補関係にあり，学習指導を展開する上で両者と

第3章　教材の種類，性格，機能

も必要なものとなっている。
　(3)　教科縦断的分類による教材の種類
　各教科等（各教科＋道徳，特別活動，総合的な学習の時間）の目標を一覧にまとめ，じっくり眺め渡してみよう。そうすれば，もし各教科がそれぞれ掲げている目標の実現・達成を目指して効果的で充実した学習指導を展開すれば，きっと，児童生徒は「生きる力」を身に付けることができるはずであると確信することができよう。換言すれば，各教科等は，「生きる力」を育むために，それぞれ独自の位置付け，役割をもっており，それを踏まえて特色ある学習指導を構成，展開しているということである。
　実際に，各教科等の授業では，内容的にも方法的にも他の教科とは異なる，それぞれの教科ならではの学習指導が展開されている。例えば，体育の授業は，校庭や体育館で仲間と一緒に体を思いっきり動かし，協働でスポーツを楽しんだりしている。一方，同じ実技的教科でも，家庭（技術・家庭）科の授業では，家庭科室（技術科室）で，身近な生活の工夫改善について考え，実用的な技能を育んでいる。理科の授業では，理科教室に行き，観察・実験を通して科学の概念などを生き生きと学んでいる。一方，同じ内容的教科に属する社会科の授業では，地図帳や資料集，DVD教材などを持ち込み，各地，各時代の成り立ちなどを調べたりして，知識と共に公正に判断する思考力などを身に付けている。芸術的教科の図画工作（美術）科と音楽科の授業でも，それぞれ専用の教室で歌唱，絵画，鑑賞などに勤しみ，感性等の能力を磨いている。国語科では，言語活動の中核を担う教科として，読書や作文，話し合いなどを通して言語能力を磨き伸ばしている。同じ用具的教科の算数・数学科の授業では，例題で解き方を学び，それを使って練習問題，応用問題に取り組み，数学的な思考力などを育んでいる。そして，これらに道徳，特別活動，総合的な学習の時間の授業が加わる。さらに，休み時間や放課後の部活動なども成長期の子どもにとっては豊かな学びの場になっている。
　このように学校の教科等の授業を中心に学校における諸活動を眺め渡すと，児童生徒は学校を舞台にして様々な場で多種多様な学び，体験を積み重ねてお

り，生きる力を育んでいることが分かる。また，それぞれの場，活動に対応する形で教材の出番があり，多種多様な教材が使われているし，より効果的な教材開発が模索されている。

　以上のことは，換言すれば，授業で利用する多種多様な教材の種類分けは，各教科等の学習指導に基づいて縦断的に分類・整理することが最も自然であり，基本であることを意味している。考えてみれば，学習指導要領が示す目標や内容は教科等ごとに提示されている。このため，各学校の教育課程も教科等を中心に据えた編成になっているし，日々の授業の時間割も教科等ごとに組まれている。したがって，主たる教材である教科書も，それと相補関係にある補助教材も，教科ごとに企画・編集・製作されている。換言すれば，教材は主副を問わず，最初から教科等ごとに分類されているし，教材の種類分けは教科ごとに整理することが最も素直であり，基本的，必然的であるということである。

(4) 教科内の教材の種類分け

　教材を各教科等に種類分けしても，それぞれの教科に属する教材は，教科書のページ数や目次構成をみれば明らかなように，膨大であり多種多様である。したがって，さらなる教材の種類分けが要請されることになるだろう。その際には，教科，教科書が学習指導要領に基づいて成り立っていることから，タテ割型の場合は，次の段階の種類分けも学習指導要領の内容の項目立てや教科書の章立て（目次）などに依拠して分類・整理することになるだろう。

　具体的には，学習指導要領の各教科等の「内容」は原則として学年別，そして大・中・小の項目ごとに示されていることから，教材もそれに準じることになるだろう。すなわち，まずは第1学年用，第2学年用の教材といった学年別に種類分けし，次に第1編用教材，第1章用教材といった大単元，単元ごとに種類分けをする。さらに，必要があれば第1節用，第2節用の教材というように中小の単元ごとに分ける（34ページ図3-1参照）。なお，学習指導要領が学年別ではなく分野別に示している中学校社会科では，地理・歴史・公民といった分野別に，中学校理科では生物・地学領域からなる第2分野，化学・物理領域からなる第1分野に分類・整理することになる。

第 3 章　教材の種類，性格，機能

　なお，いずれの教科，項目においても何らかの教材が開発，整備され，いずれの授業においても何らかの教材が使われている。ただし，学習内容は学年，項目によってかなり異なっており，教材の開発や工夫改善への要請もそれに応じて異なっていることから，たとえ同一教科であっても項目によって教材の傾向性や多寡などはかなりの差異，特色がみられる。

4　アナログ教材とデジタル教材

　コンピュータやネット環境の発展によって，最近は電子媒体の教材開発が進み，デジタル教材が急速に普及しつつある。一方，このことは裏を返すと，これまでの教材はこれらのデジタル教材とは一線を画していることから，これまでの教材はアナログ教材として一括りにし，種類分けする時代がやってきていることを意味している。そこで，この点に着目して，検討することとする。

(1)　媒体（メディア）に基づくアナログ教材の種類

　従来の図書教材や視聴覚教材，放送教材等は，紙類やフィルム，スライド，磁気テープ，放送などを媒体にして製作された教材であり，これらを一括りにしてアナログ教材と呼ぶことにする。そして，アナログ教材を利用するに当たっては，紙媒体は書籍や印刷・製本機，レコードや磁気テープを媒体とする音声・音楽は蓄音機，カセットレコーダー，写真などのフィルムを媒体とする静止画はスライド映写機やOHP，動画やアニメはフィルムが媒体の場合は映写機，磁気テープが媒体の場合はビデオデッキ，放送はテレビ受像機など，それぞれの媒体に応じた機器・機材が必要であり，購入，整備されてきた。すなわち，アナログ教材は，ソフトウェアとして保存する形態とそれを再生する機器といったハードウェアがセットになっていないと利用できず，また，それぞれは異なる媒体で構成されていた。

　このため，従来のアナログ教材の種類分けは，教科の壁を越えて，各媒体の異なる点に着目して分類・整理する，いわば教科横断的な種類分けがみられたりした。具体的には，様々な紙媒体からなる図書教材，フィルムや磁気テープ，レコードなどを媒体とする視聴覚教材，放送を媒体とする放送教材，そして，

立体的で本物やそれを模した実物・模型・標本の触覚教材などに分類・整理することが，これまでの代表的な分類となってきた。

なお，図書教材は，アナログ教材の中核を占め，教材の代名詞ともなってきたが，これには広義と狭義がある。そして，狭義の図書教材は教科書に照らして編集され，学校の授業や家庭での自習などに使用される教材とされており，修得教材，習熟教材，評価教材の3つに種類分けされている（第5章参照）。

（2）対応目的に着目したアナログ教材の種類

アナログ教材の教科横断的な種類分けは，媒体によるものをはじめ，様々に提案されてきたが，決定版といえるものはない。換言すれば，分類・整理する意義を踏まえ，教材の利用者が自分の課題，目的などから便宜的に種類分けすることも検討に値するということである。その際には，完璧，決定版などといったことはあまり意識せず，むしろ便宜的によく利用する教材を着眼点を設けて共通性，類似性などから括り，○○教材と名付けて種類分けし，提案したらどうかと考える（**表3-1**参照）。

例えば，学習を通して育む能力に着目して「創造・開発力」教材，「協働・社会力」教材，「問題発見・解決能力」教材，「コミュニケーション能力」教材，

表3-1 対応目的に応じた教材の種類

対応目的	教 材 の 種 類
学習形態	一斉学習教材，グループ学習教材，個別学習教材
学習段階	導入教材，展開教材，まとめ教材
学習評価	思考・判断・表現教材，知識・理解教材，関心・意欲・態度教材etc
能力目標	創造・開発教材，協働・社会力教材，問題発見・解決能力教材etc
学習活動	作業学習教材，体験学習教材，話し合い・ディベート教材etc
学習過程	発見学習教材，探究学習教材，プログラム学習教材etc
現代的要請	ESD教材，エネルギー・環境教育教材，食育教材etc
生涯学習	幼児用教材，児童用教材，青少年用教材，成人用教材，熟年用教材etc

「自己教育力」教材，「自尊感情」教材などに種類分けしてもよいだろう。また，学習活動に着目して「作業学習」教材，「体験学習」教材，「話し合い・ディベート」教材，「実験・観察」教材，「ものづくり授業」教材，「ごっこ，劇化，ロールプレイング学習」教材，「作文・レポート」教材などに種類分けすることも考えられよう。

(3) デジタル教材，マルチメディア教材

デジタル教材の媒体は，CDディスクやDVDディスク，USBメモリー，光ファイバーなどの通信，インターネット上のサイトなど，多様である。しかし，これらの媒体によるソフトウェアの利用は，アナログ教材のように個別の機器は必要なく，コンピュータ（パソコン）とそれに関連する周辺機器（パワーポイントなどソフトウェアも含む）が準備されていればそれで利用可能となる。

さらに，今日ではコンピュータ・周辺機器の性能向上により，従来のアナログ教材の多くをデジタル教材に変換することが可能となってきている。したがって，この手続きを経れば，アナログ教材もデジタル教材として利用できるし，デジタル教材の枠組みに取り入れて編集することができる。そうなると，アナログ教材，デジタル教材の区別も，またアナログ教材の媒体の壁もハード，ソフトの両面でほとんど意味がなくなってくる。

そのうえ，文字・音声・写真・動画・画像（表・グラフ・模式図・構造図等の図版・地図など）・3D映像などのデジタル教材は，コンピュータによって一つに統合して扱うことができる。このため，各デジタル教材を意図的，計画的に関連付け，編集すればマルチメディア化を図ることが可能であり，比較的容易にマルチメディア教材を開発，利用することができる（次ページ図3-5）。

なお，教科書もデジタル化が検討，開発が進められており，それが実現すれば補助教材の多くもそれに組み込まれ，一体化する可能性がある。そうなると，教材の主副の区別も意味がなくなり，マルチメディア教材として機能・活用されることになるだろう。しかも，そこに双方向性などの新たな機能が加わる。そうなると，学習指導の個別化が実現する一方で，学校と家庭，授業と自主学習の境界もほとんど意味がなくなってくるだろう。

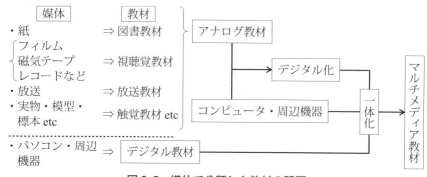

図3-5　媒体で分類した教材の種類

　では，マルチメディア教材の種類分けはどうなるのだろうか。恐らく，各教材の関連化や一体化は，無作為に行われるわけではなく，内容・項目を考慮して図られることになるだろう。そうなると，当然縦断的分類に立脚して，教科・学年・項目別のような目標や内容を共有する教材を束ねる形で分類・整理する種類分けが有効性を発揮することになるだろう。

　なお，マルチメディア教材は，様々なデジタル情報やデジタル化した情報を教師自らが収集・選択するだけでなく，加工・修正などして編集・制作することも比較的容易にできるようになる。このため，①授業のみで使用するなど著作権侵害に十分配慮すること，②配信されている情報は玉石混淆であることに留意し，質，真偽などを十分吟味して利用すること，③情報モラルに留意し，実践を通してその醸成に努めること，といった教育課題が生じることを踏まえ，情報教育の教材化に努めることが必要になってこよう。

（澁澤　文隆）

〈参考文献〉
日本教材学会編『教材辞典』東京堂出版，2013年
文部科学省「義務教育諸学校の教材整備について」13文科初718号，2001年
『「教材学」の現状と展望（上巻）』日本教材学会設立20周年記念論文集，2008年

第4章　**教育・心理検査と教材**

1　教育・心理検査と教材の関係

　教育・心理検査の中には，知能検査，学力検査，性格・行動などの検査，適性検査があり，それぞれ，心理的な諸特性を測定する用具である。

　しかも，その作成には数年という時間を要するので，毎年，新しく作れるわけではない。さらに，一度実施すると，同一検査の以後の実施には何らかの練習効果が生じ，結果が上昇してしまう懸念がもたれる検査もある。そのような制約がある測定用具なので，検査用紙の管理上，実施後は回収するのが通例で，研究的な目的以外は再使用しないほうがよい検査もあり得る。

　一方，教育という行為には，教える側からの指導の側面と学ぶ側からの学習の側面が対になって存在している。ここで，教材とは，それら指導と学習を行う際に使用される指導材料や学習材料を指すと思われる。ということは，日常の教育の中で，理解を促すために頻繁に繰り返し利用されていくのが指導材・学習材としての教材の本質であろう。

　教育・心理検査は，教材の分類で考えれば，成果を測定し，その結果から評価を行い，必要な指導をするための評価教材（第2章25ページ参照）の一種となろう。しかし，その性格はテストブックやプリントとは異なる。したがって，教育・心理検査を教材として活用するには以下のような一定の枠組みが必要となる。

① 　指導と学習における内容，方法，成果について，それらの点検に資する情報材料が検査から得られる。これらを見て，現時点で不十分な面の補充を行ったり，次の教育機会には，指導材・学習材の見直しを含めて改善を図ったりするという営みでの利用である。

② 検査の中には，身に付けさせたい目標を質問項目に並べ，自分はどのようであるかを評定させる形式のものもある。その場合は質問内容そのものを教材として使っていくことも可能となる。このような検査では，実施の都度，自らの状況を確認して回答すればよく，練習の影響は出にくい。
③ 検査を実施すると，結果に応じて補充的な指導と学習が必要になることもある。そのための教材が組み込まれている検査では，それを使用する。
これらについても，本章6節で詳説する機会を得たい。
なお，これから，検査に関しての具体的な例を記述する際には，著者が副所長を務める一般財団法人応用教育研究所が関与した検査を前提にしていく。

2　教育・心理検査とは

結論からいうと，教育・心理検査とは標準化された検査のことである。つまり，標準化の過程を経て作成された検査を指している。そのような意味合いから，教育・心理検査は標準検査と呼称される場合もある。

では，「標準化」とは何かということになるが，日常的によく使われる他の言葉で言い換えれば，一般化とか共通化という語が当てはまるであろう。

そこでは，①問題内容，②実施方法，③採点方法，④解釈基準の諸部面を中心に，精緻な検討を行ったり全国的な調査を実施したりして，教育・心理検査として完成させる。そのため，標準化された検査では，実施方法を順守して標準化時と同一の条件で実施すれば，だれが実施しても正確な結果が得られて結果の解釈も斉一となるのである。

3　妥当性と信頼性

妥当性と信頼性は，教育・心理検査，換言すれば標準検査にとって，最も重要な概念と考えられる。そして，検査の手引には，それらの検証結果を記載することになっている。したがって，手引は，該当検査の作成過程，基本性能や品質を表すものととらえられ，家電製品でいえば，それに付与されている保証書のような性質をもつ。

問題内容を標準化するための検討の例

標準化の過程では，問題内容の検討も行われる。応用教育研究所で，仮に，下記の問題原案を検討会の俎上に載せたら議論百出であろう。

> ◎（　）にあてはまる言葉を，ア〜タから1つずつ選びなさい。
> 　（①）は，国土が（②）に長く，中央には（③）が連なり，国土の（④）が（⑤）であることなどが，（⑥）の特色にあげられます。また，日本の（⑦）は（⑧）となっています。
> 　ア　日本　　　イ　外国　　　ウ　東西　　　エ　南北　　　オ　平野
> 　カ　山脈　　　キ　4分の1　　ク　4分の3　　ケ　山地　　　コ　高原
> 　サ　地形　　　シ　地域　　　ス　季節風　　セ　川
> 　ソ　長くてゆるやかな流れ　　タ　短くて急な流れ

この問題について，次の修正点が出されたとすると，下のような問題に練り上げられるのである。その後，漢字や記号の表記法などを含め，編集上の形式を定める作業に入っていくことになる。

- 文頭の小問は，先を読んでから戻って答えることになるので改善する。
- 小問が多すぎて，文意が伝わらないから減らしたほうがよい。
- 選択肢が多くても，各小問の選択肢が実質的には2つずつで○×形式と同じだから，2肢より多い選択肢を小問ごとに配置する。
- 全部の教科書に載っているわけではない内容を問うている小問があるので，そこは文面に出してしまってはどうか。
- 正答が1つに決まらない小問があるから，改善策を考える必要がある。
- どのようだからという理由，何に比べてという比較対象を明示しないと解答しにくい小問もあるので改善する。

> ◎（　）の中のア〜エから1つずつ選んで，文章を完成させなさい。
> 　日本の地形の特色としては，国土が①（ア　上下　イ　左右　ウ　東西　エ　南北）に長く，中央には②（ア　盆地　イ　山脈　ウ　台地　エ　平野）が連なり，国土の約4分の3というように，その多くが③（ア　平野　イ　火山　ウ　高原　エ　山地）であることなどがあげられます。また，山地から海岸までが近いので，外国に比べて，日本の川は④（ア　短くて急な　イ　短くてゆるやかな　ウ　長くて急な　エ　長くてゆるやかな）流れとなっています。

なお，このコラムは，あくまでも問題の検討過程の例示に主眼があるので，掲載した問題は学習指導要領や教科書の内容との整合を意識していない。

まず「妥当性」については、その検査が、本来測ろうとしているものを本当に測っているかという概念であると説明できる。

標準学力検査を例にすれば、学力を測定すべきものであるから、問題ごとの学習指導要領の番号や記号などとの対応を一覧にして示している。これは内容的妥当性の証左となる。また、学力は指導時間の経過とともに伸長し発達するという前提が置けるので、その標準学力検査の全国平均点は次第に上昇していくはずである。それを確認することで、構成概念的妥当性を得ることなどもできる。

一方、「信頼性」とは、検査を何回か実施するとしたら同じような結果が出るか、あるいは、一貫して同じ内容を測っているかという概念である。

これを検証するには、再検査を行って、その結果を前回の結果と比べて同様の結果が得られたかを判断する方法がある。また、特定の公式を用いて信頼性係数を算出し、その解釈をもって内部一貫性を示す根拠とする方法などもある。

4 教育・心理検査の分類

教育・心理検査を様々な観点から分類すると下表のようになる。

表4-1 教育・心理検査の観点

①測定対象から	・知能検査 ・学力検査 ・性格・行動などの検査 ・適性検査
②実施形態から	・個別式検査 ・集団式検査
③問題構成から	・言語式検査 ・非言語式検査 ・作業式検査
④測定結果から	・概観検査 ・診断検査

第4章　教育・心理検査と教材

① 測定対象から

　知能は，古くから，高等精神能力，適応能力，知能検査によって測られるものなど，いろいろな定義がなされてきた。学校での指導と結び付けて考えると，学習基礎能力，学力を規定する基礎的・基本的な1つの要因，学習適性とする定義に有効性があるであろう。これらは，知能を，学ぶ力としてとらえようとしている。現今では，認知能力の語が使われる場合があることも付言しておく。

　学力とは教育目標が身に付いたものであり，全国の集団の中で占める相対的な位置をとらえたり，目標が実現された絶対的な達成状況で表したりする。すなわち，学んだ力を測定しようとするものが学力検査である。

　性格・行動などの検査は，行動の一定の様式とか傾向性を測定対象にしている。その点，他に比べてかなり広い概念を有しているので，様々な特色をもつ検査が含まれ，その種類も非常に多い。

　最後に適性検査であるが，これは，将来を予測するための，現在もっている特性を調べて，各種の上級学校や職業に対する適合性を示す。さらに，進路学習を促進させたり進路計画への支援情報を提供したりする検査もある。

　以上の諸検査のうち，特に学力検査を指して教育検査と呼び，それ以外の知能検査，性格・行動などの検査，適性検査を心理検査と呼ぶこともある。

② 実施形態から

　個別式検査は，原則，検査者と受検者が1対1で相対して行う検査で，どの程度の問題まで正答できたかという力量検査の形式となる。知能検査などの中に，この形態を採る検査があり，時間をかけての精密な測定を旨とする。

　それに対し，通常，1名の検査者が多数からなる受検者に実施するのが集団式検査であり，大まかだが能率的に結果が得られる。こちらは決められた時間内に，どれだけ多く正答したかによる速度検査の形式が主である。

③ 問題構成から

　まず，言語式検査は言葉を素材にして問題が作成されているものである。当然，個人の使用言語により，検査を受けることが困難になる可能性もある。

　これに対して，図形，絵画や記号を出題材料にしている検査を非言語式検査

と言う。こちらでは，言語の影響を受けないので対象者を広く想定できる。

作業式検査と言うのは，何らかの具体的な作業をさせて，その遂行状態から結果を判断する検査である。非言語式検査に包含されると言えるかもしれない。

④ 測定結果から

概観検査では，例えば，知能偏差値を算出するといった具合に，1つの代表的な数値に検査結果を収斂させる。これは，全体的な水準を見るような場合には，手っ取り早く分かりやすいと言えよう。

診断検査では，下位検査と呼ばれる，検査全体の中にあって同類の性質をもつ問題の集まりごとに結果を出していく。全体を部分に分けて下位検査間の比較をすることによって，個人の特徴を理解するのに役立つ。

5 教育・心理検査のバッテリー利用

(1) バッテリー利用とは

特定の目的のもとに，複数の検査を組み合わせて利用することを指して言う。ここで大切なのは，単に，目的もなく検査を組み合わせて使うだけではバッテリーとは言わないことである。具体的な目的としては，知能から推定される学力期待値と現実の学力の差異を調べるとか，学級集団での満足度と学力の関係を見てみるなどが考えられる。

このような使い方が可能なのも，標準化された教育・心理検査同士ならではのことである。同時に，これは，現在，個人がもっている複数の特性を比べているので，個人基準準拠の横断的個人内評定を求めるものとも言える。

(2) 実用化されているバッテリー

現在，様々なバッテリーが考案されて実用化されている。これらのうち，最も古くから開発され，今日まで基本となってきた知能検査と学力検査のバッテリーについて紹介しておく。

図4-1に，知能と学力の相関的利用で打ち出される相関座標を部分掲載する。

これを見ると，横軸が知能検査，縦軸が学力検査の結果で，中央に，知能から推定される学力期待値の線が斜めに入り，その線の上下には幅が取られてい

第4章　教育・心理検査と教材

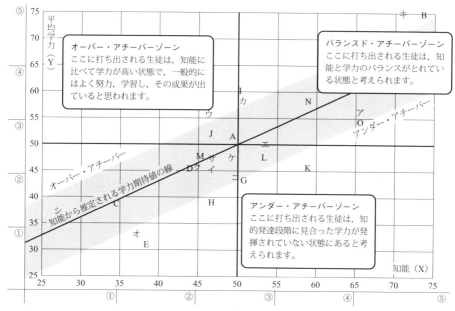

図4-1　知能・学力相関座標

る。その斜めの幅の部分がバランスド・アチーバーゾーン，その上方がオーバー・アチーバーゾーン，下方がアンダー・アチーバーゾーンとなる。そして，各生徒の座標記号が該当するゾーンに打ち出されるようになっている。

この際，最も問題になるのが，学力期待値を下回る学力とされるアンダー・アチーバーの生徒であろう。取り急ぎ必要なのは，他の調査，観察，面接などで原因を探り対応策を施すことである。また，アンダー・アチーバーは，これから伸びる生徒であり，未だ磨かれていない原石と考えて適度な期待感も忘れないようにしたい。

6　教育・心理検査の教材としての活用

本章1節で，教育・心理検査と教材の関係から，教育・心理検査を教材として活用する枠組みが必要になり3点にまとめた。それは，点検のための情報材料として，質問内容そのものを教材として，組み込みの補充教材を使用してと

いうものであった。

(1) 点検のための情報材料として

　実際例を挙げよう。標準学力検査の集団基準準拠検査では，学級の学力偏差値平均と標準偏差が示されているので，集団の傾向をとらえることができる。そして，それらの数値は教材の選択や指導方針の考察に使えるであろう。

　偏差値が低めの学級では，基礎・基本の教材を使って時間をかけて指導をするが，高めなら，応用・発展的な教材を選んで考えさせることも必要である。

　また，標準偏差が大きい学級では，本来は集団を分けたり指導補助者を配置したりするのがよい。しかし，現実的には，授業中に振り返りの時間を設け，生徒同士の教え合いにより理解度の平準化を図ることも考えられる。小さければ，ある程度は指導しやすい集団なので，指導水準に気を配るようにする。

　図 4-2 として，同検査の打ち出し資料の小問分析表を部分掲載した。

　ここでは，縦に小問内容が番号順，横に名前が結果のよかった順に並んでおり，○は正答，ア，イ，ウなどは選んだ誤答の選択肢，×は記述式での誤答を意味する。さらに，上向きの白い矢印は，有意差検定で，その小問の学級通過率が全国通過率より有意に高い，下向きの黒い矢印は有意に低いことを表す。

　下向き矢印が多い領域内容は補充教材を使って再指導すべきであるが，同時に，その内容が，今後，どの内容に関係するかの分析も必要である。関係する領域内容を指導する際は，黒矢印の内容の復習から始める，配当時間を多くする，使用した指導材・学習材の改良も含めて教材研究をするのがよい。

　また，形成的な小テストを実施しながら，指導方法や使用教材をきめ細かく調整することも大切である。

　次に，個人の特徴からの指導や教材選択の面で知能検査を例に説明する。

　知能検査の内部構成として，A式知能とB式知能の設定があるものがあり，それぞれ，言葉が問題素材のA式，図形，絵画，記号などが素材のB式とされる。これらは，本章4節③で述べた言語式検査，非言語式検査に該当する。

　そのため，A式知能がB式知能より優位な生徒には，口頭での説明や文字が印刷された教材の使用が有効である。A式に比べてB式が優位な生徒には，実験，

第4章 教育・心理検査と教材

大問番号	小問番号	小問内容	中領域番号	観点番号	有意差検定	鈴木	佐藤	青木	原田	久保	井上	坪井	夏目	田中	浜田	斎藤	石川	清水
学年順位						3	6	9	12	12	16	19	19	23	23	25	27	32
出席番号						7	6	1	12	5	2	10	10	9	12	4	2	6
		第1部																
1	1	一億の位の数	1	3		○	○	○	○	○	○	○	○	○	○	○	○	○
	2	百分の1の数	1	1	⇑	○	○	○	○	○	○	○	○	○	○	エ	○	○
	3	一兆と一億の関係	1	1		○	ウ	ア	○	○	○	○	○	○	ウ	○	ウ	○
	4	小数・百倍の数	4	2		○	○	○	○	○	ウ	○	○	○	○	オ	○	○
2		四捨五入	2	3	↓	○	×	○	○	×	×	×	×	×	○	×	○	×
3		積の見積り	2	2		ア	イ	○	ア	○	イ	エ	○	○	イ	オ	○	ア
4	1	3位数÷2位数	3	2		○	○	○	○	○	○	○	○	○	○	○	○	○
	2	3位数÷2位数・余り	3	2		○	○	○	○	○	○	エ	○	○	○	○	○	○
5		被除数を求める	3	1	⇑	○	○	○	○	○	○	○	○	○	○	○	○	○
6	1	小数の加法	4	1	⇑	○	○	○	○	○	○	○	○	○	○	○	○	○
	2	小数の減法	4	1	⇑	○	○	○	○	○	○	○	○	○	○	○	○	×
	3	小数×整数	4	2		○	○	○	○	×	○	○	○	○	×	○	○	○
	4	小数÷整数	4	2	⇑	○	○	○	○	○	○	○	○	×	○	○	○	○
7		小数の除法・余り	4	2	⇑	エ	○	○	○	○	○	○	○	○	○	ア	○	○
8		等しくない分数	5	2		○	○	ウ	○	○	○	○	○	○	○	エ	○	エ
9	1	仮分数から帯分数へ	5	2		○	○	○	○	○	○	○	○	○	○	○	○	○
	2	帯分数から仮分数へ	5	2		○	○	○	○	○	○	○	○	○	○	○	○	エ
10	1	分数の減法	5	2		○	○	○	○	○	○	×	×	○	○	○	×	○
	2	分数の加法減法	5	2		○	○	○	○	○	○	×	○	○	×	○	×	○

※名前は仮名

図4-2　小問分析表（集団基準準拠検査NRT）

実物提示，視聴覚教材，図表を多用した教材が効果的と考えられる。

　また，知能検査には，着手数をもって速さ，正答率を正確さとして，それらの組み合わせで知的作業の特質の類型を出すものもある。全類型の正確な記憶は不可能であろうから，以下の4類型への指導方針や教材について記す。

　速くて正確な生徒は特に問題はないが，じっくり考える課題にも取り組めるかに注意して，時間を要する課題の教材を選ぶ。速いが不正確な場合は，まだ指導はしやすいほうであるが，答案の見直しや考えの整理をさせるとよい。

　遅いが正確な生徒は急がせると負担になるので，この程度でよいとする見本を示したり，これくらいの時間でという見通しを伝えたりする。遅くて不正確なら，基礎・基本の復習教材を使用して，着手した問題は解けるように努力させる。

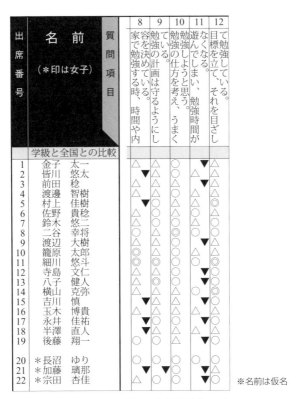

図 4-3 反応一覧表（学習適応性検査AAI）

(2) 質問内容そのものを教材として

 例に挙げる学習適応性検査は，学習の意欲，計画性，授業の受け方，本の読み方・ノートの取り方など，学習に影響を与える要因の状態を調べる検査である。つまり，学習場面に馴染んでいるかという適応性の診断検査である。

 図4-3には，この検査を実施すると得られる資料から，反応一覧表を部分的に掲載しておいた。

 この一覧表では，質問項目が縦書きで打ち出されている。今回は，計画性に該当する項目だけを載せているが，これらが計画性を高めるために必要とされる具体的な目標なのである。記号の意味は，◎，○，△，▼の順に思わしくな

第4章　教育・心理検査と教材

い回答となる。

　この計画性が全体的に指導を要する結果だったとしよう。

　教材利用するには、学級や学年での月間の目標として、これらの項目の中でも、特に緊急を要するものや、すぐにでも実行可能なものから掲げていく。その際、目標数は少なくしてみんなが覚えられるようにし、改善が見られるまでは掲げ続け、改善が見られたら入れ替えていけばよい。

　また、各生徒に学習の計画表を作らせるとき、これら質問項目を提示し、それに対する各自の状況を再確認させながら計画表に反映させる試みもあろう。

　さらに、学級通信や学年だよりに、これらの項目を記してみるのもよいと思われる。その場合、項目ごとの学級や学年反応率と全国反応率を添えれば、より理解が深まると考えられる。

（3）　組み込みの補充教材を使用して

　該当する検査はいくつか存在するが、ここでは、標準学力検査を実施すると、インターネットを介して利用可能な補充問題集を例に採り上げる。この問題集には、基本的な内容の問題、加えて、応用的な問題も用意されている。

　図4-4は、標準学力検査のうち目標基準準拠検査について、結果の生徒返却用個票の、ある部分を載せたものである。

　この例では、努力を促す内容として、文字と式、比例と反比例が指摘されて

図4-4　児童生徒・保護者用個人票（目標基準準拠検査CRT）

標準学力検査と全国学力・学習状況調査の違い

　標準学力検査は，標準化の過程で精緻な検討や全国調査を経て公刊される。標準化調査と同じ実施や採点の方法を採れば，正確な結果が出て，その解釈も斉一になる検査である。
　一方，毎年4月には，小学校6年生と中学校3年生を対象に，文部科学省が全国学力・学習状況調査を行う。これは，2007年から始められ，全国的で大規模な調査である。
　両者の違いについて，以下に述べることにする。
① まず，標準化の有無が挙げられよう。標準学力検査は前もって標準化されているが，全国学力・学習状況調査はされていない。
　　このことを，解釈基準の公開性の相違と表現したい。つまり，標準学力検査では，事前に標準化されているため，どの程度できれば，どのような評定結果になるかが，手引などで公開されている。それに対して，全国学力・学習状況調査では，事後に採点集計してからでないと，どのような結果か分からない。
② 次に，標準学力検査の作成には数年が必要で，毎年の作り直しには無理があり，一定期間は非公開の同一問題となる。また，偏差値などの標準得点での結果表示が多い。
　　そのため，標準学力検査では経年比較が容易に行えるが，全国学力・学習状況調査では問題を公表して，毎回，新作するので，比較は困難であった。しかし，その後，非公表の同一問題を数年の間隔で実施して，この点の改善を試みているようである。
③ 学力検査は，手引に妥当性と信頼性の検証が掲載されていて性能保証があり，採点基準の明確化により結果返却は比較的早い。全国学力調査では，結果判明まで数か月を要する。
④ 標準検査同士であれば，バッテリー利用により，測定された複数の特性を合理的に比べることが可能である。具体的には，知能と学力や，学級集団での満足度と学力の関係などが見られる。その点は，標準化されていない全国学力調査は不得手となる。
⑤ ほかに，全国学力調査は，限られた学年と教科のみという現実もある反面，無料で実施できるという利便も存在する。何よりも，公表された問題は，そのまま教材として指導や学習に使えるのは，標準学力検査に勝る利点である。
　一般的に，検査で調査はできるが，調査で検査はできない。しかし，標準学力検査も全国学力・学習状況調査も，各々の長所を共存させる利用が賢明なのである。

第4章 教育・心理検査と教材

いる。よって，それらを再指導するための教材用に，指摘の内容に相当する基本的な問題を引き出して使用する。または，その問題を生徒に渡して解かせ，答案を添削するなどにより弱点の克服を目指す方法もある。

　一方，よかった内容についても示されているが，こちらでは，応用的な問題を引き出せば，指導材・学習材として利用することができる。

（宮島　邦夫）

〈参考文献〉

宮島邦夫「第5章　資料収集のための技法（2）―教師自作テストと標準検査」，（財）応用教育研究所（改訂版編集）『2003年改訂版　教育評価法概説』（原著 橋本重治）図書文化，2003年，pp.72-82

宮島邦夫「第7章　学習評価の手順」，（財）応用教育研究所（改訂版編集）『2003年改訂版　教育評価法概説』（原著 橋本重治）図書文化，2003年，pp.100-123

宮島邦夫「集団基準準拠検査（NRT）」，辰野千壽・石田恒好・北尾倫彦（監修）『教育評価事典』図書文化，2006年，pp.163-165

宮島邦夫「目標基準準拠検査（CRT）」，辰野千壽・石田恒好・北尾倫彦（監修）『教育評価事典』図書文化，2006年，pp.166-168

宮島邦夫「民間の学力調査にみられる結果と課題は何か（応用教育研究所）」，高階玲治（編集）『「学力調査」対応法・活用法』教育開発研究所，2007年，pp.94-98

宮島邦夫「教育・心理検査」，日本教材学会（編）『教材事典』東京堂出版，2013年，pp.53-55

第5章 学習指導要領と教科書，補助教材

1 教育内容と関係法令

(1) 教育内容の基準性

学校教育は，教師が児童生徒に直接に接し，教科指導をはじめとして生徒指導等の教育活動にかかわることによって成り立っている。そこで教師として学校教育にかかわる場合は，公人として法的な制約がかかる。

公立であっても私立であっても学校は，学校教育法の第1条の規定によって地方自治体や学校法人が設置したものであって，学校の運営は教育基本法・学校教育法などの法令や自治体の条例・規則等に則って運営されており，教育内容も国の法令や自治体の規則等によることになっている。例えば，国語や算数・数学などの教科の授業や特別活動など，すべての教育活動の基準となっているのが「学習指導要領」である。

なお，「学習指導要領」を基準にして各学校で授業等の教育活動を計画的・組織的に編成したものが，「学校の教育課程（年間指導計画等）」である。したがって，各教師が各教科等の授業や教材などについての研究をする場合は，「学習指導要領」と各学校の教育課程に基づいて行うことになる。

表5-1 教育課程の基準（学校教育法施行規則）

小学校（第52条）	中学校（第74条）
・小学校の教育課程については，この節に定めるもののほか，教育課程の基準として文部科学大臣が別に公示する小学校学習指導要領によるものとする。	・中学校の教育課程については，この章に定めるもののほか，教育課程の基準として文部科学大臣が別に公示する中学校学習指導要領によるものとする。

第5章　学習指導要領と教科書，補助教材

　教科指導等で授業を組み立てる際は，授業の目標を明確にしてから，学習の動機付けを図る教材，授業の目標に向けた適切な学習活動，学習活動で扱う教材などについて吟味する。教師は，この学習でどのような学力を育むのかなどについて明確にしておくことが必要で，このような取組みを"教材研究"といっている（第1章参照）。

　教材研究に際して教師が身に付けるべき基礎・基本のすべては，学習指導要領を読み解くことから始まる。

　なお，学習指導要領は，教育基本法第6条1項に示すように，学校は公の教育機関であって，全国的に一定の教育水準を確保し，全国どこの小学校・中学校においても同じ水準の教育を受ける機会を，国民に保障（日本国憲法第26条）するために作成されていることを十分に理解しておきたい。

(2) 教育活動にかかわる法令

　教師の職務は学校管理職（校長，教頭等）の指導の下に組織的に取り組むことであるが，その学校運営の裏付けが関係法令であり，各教師の教材研究についても法的な規制があることに留意したい。例えば，平成27年の法改正によって18歳以上に選挙権が認められたが，このことに関する指導には「学校教育法」第14条（政治教育）についての適切な理解が求められる。その他，教科・領域等の教材研究に当たっては，それぞれに関係法令があるので，それぞれについて理解しておきたい。

　以下，授業と教材研究等にかかわる法令とその規定を参考のために示す。

① **教育基本法**

- 教育の目的（第1条）
- 教育の目標（第2条）
- 生涯学習の理念（第3条）
- 教育の機会均等（第4条）
- 義務教育（第5条）
- 学校教育（第6条）
- 私立学校（第8条）

- 教員（第9条）
- 学校，家庭及び地域住民等の相互の連携協力（第13条）
- 政治教育（第14条）
- 宗教教育（第15条）
- 教育行政（第16条）
- 教育振興基本計画（第17条）

② **学校教育法**

- 義務教育の目標（第21条）
- 小学校の教育目的（第29条）
- 中学校の教育目的（第45条）
- 小学校の教育目標（第30条，中学校は第49条の規定によって準用）

③ **学校教育法施行規則**

小学校：
　教育課程の編成（第50条），授業時数（第51条），教育課程の基準（第52条）
中学校：
　教育課程の編成（第72条），授業時数（第73条），教育課程の基準（第74条）

④ **「小学校学習指導要領」，「中学校学習指導要領」**

　各学校において教育課程を編成し，実施する場合には，その基準となる学習指導要領によることになるが，各学校の置かれている地域社会の実態等を十分に考慮した教育活動が認められている。そこで各教科等の授業などでは，主たる教材である教科書とともにドリルなどの補助教材，学校外の地域の教育資源や学習環境を教材として取り入れた学習活動の工夫も重要である。

⑤ **地方教育行政の組織及び運営に関する法律（以下，「地教行法」とする）**

　公立の小・中学校は，それぞれの地域の教育委員会によって管理・運営されており，学習指導や生徒指導等に関しては教育委員会の指導に従う（第21条 5）ことになっている。特に教育課程に必要な教育委員会規則を設けている場合には，その規定による（第33条第1項）。教科書以外の補助教材を使用する場合には教育委員会の規則に従った手続きをする。

なお，私立学校の場合は学校教育法，私立学校法の規定により都道府県知事が所轄庁となっているが，地教行法の一部改正によって都道府県知事が私立学校に関する事務を管理，執行するに当たり，必要と認めるときは当該都道府県教育委員会に対し，学校教育に関する専門的な事項について助言または援助を求めることができるようになった（第27条の5）。

2　学習指導要領

(1)　教育の目的と学習指導要領

教育の目的は，教育基本法第1条「教育は，人格の完成を目指し，平和で民主的な国家及び社会の形成者として必要な資質を備えた心身ともに健康な国民の育成を期して行わなければならない。」とあり，この理念は不易である。しかし，目的を実現するための教育内容や学習活動は，その時々における社会の要請や，子どもの生活の変化等に適切に対応したものとする必要から，教育課程の基準である学習指導要領は，ほぼ10年ごとに改訂している。

まず，昭和22（1947）年に「学習指導要領（試案）」として作成されたが，各学校の教育課程編成の手引き的なものであって学校裁量の幅が大きく，各学校における教育内容や学習活動は多様な様相をみせていた。そこで文部省（当時）は教育課程審議会を設け，教育課程に関して調査，審議し，その答申に基づいて昭和26（1951）年に全面的に改訂を行った。一般編と各教科編に分けて試案の形で刊行したが，昭和22年版での「教科課程」は「教育課程」と改めている。学習指導要領が形式的にも内容的にも整い，教育課程の基準として文部大臣が公示し，学校教育法，同施行規則，告示という法体系の中に位置付け，教育課程の基準としての性格が整ったのは昭和33（1958）年版からである。

【平成元年版】

平成元（1989）年版の学習指導要領の改訂は，昭和59年から62年にかけて内閣に設置された臨時教育審議会の答申を踏まえて行われたものである。

臨教審答申では，教育改善の視点として「個性重視の原則」，「生涯学習への移行」，「変化への対応」を掲げ，学習指導要領の改訂は思考力・判断力・表現

表 5-2　学習指導要領の改訂と特色（小・中学校）

年　次	主な内容と特色
昭和33年改訂	・教育課程の基準としての性格の明確化 ・道徳の時間の新設，基礎学力の充実，科学技術の向上 ・小学校→教科（国語，社会，算数，理科，音楽，図画工作，家庭，体育），道徳，特別教育活動，学校行事 ・中学校→必修教科（国語，社会，数学，理科，音楽，美術，保健体育，技術・家庭），選択教科（外国語，農業，工業，商業，水産業，家庭），道徳，特別教育活動，学校行事
昭和43・44年改訂	・教育内容の一層の向上（「教育内容の現代化」） ・「特別教育活動」を学校行事を含めた「特別活動」と改訂 ・中学校の特別活動にクラブ活動が加わる ・授業時数を最低時数から標準時数に改めた （最大→小学校：高学年1085時間，中学校：1190時間） ・知識偏重落ちこぼれが話題となる
昭和52年改訂	・ゆとりある充実した学校生活（学習負担の適正化） ・教育内容の精選，知・徳・体のバランスのとれた教育 ・授業時数の縮減（小学校：高学年1015時間，中学校：1050時間） ・中学校の選択教科（1・2学年は外国語，3学年は外国語と音楽，美術，保健体育，技術・その他）
平成元年改訂	・社会の変化に自ら対応できる心豊かな人間の育成 ・小学校では低学年の社会科が廃止され生活科を新設 ・中学校では個性重視の観点から，選択教科は外国語だけでなく国語等のすべての科目から選択できるよう改正
平成10年改訂	・基礎・基本を確実に身に付けさせ，自ら学び自ら考える力などの「生きる力」の育成 ・学校週5日制の導入，学習内容の厳選と授業時数の縮減 （小学校→高学年945時間，中学校→980時間，平成14年度から完全学校週5日制） ・「総合的な学習の時間」の新設 ・特色ある学校づくり
平成15年 （一部改正）	・学習指導要領の最低基準性を明示し，発展的な学習を容認
平成20年改訂	・教育基本法，学校教育法の改正を踏まえた改訂 ・「生きる力」の理念の継承 ・基礎的・基本的な知識・技能の習得，思考力・判断力・表現力の育成，学習意欲の向上，学習習慣の確立，豊かな心や健やかな体の育成， ・言語活動の充実

第5章　学習指導要領と教科書，補助教材

力等の育成，自ら学ぶ意欲や主体的な学習の仕方を身に付けさせる教育活動を重視したものとなる。

改訂に当たって学習内容の一層の精選が行われ，各教科では学び方を学ぶ学習内容・活動が大幅に取り入れられ，中学校では個性重視の観点から生徒の選択による教科学習の時間として年間105〜140時間が充てられた。

【平成10年版】

平成10（1998）年版の学習指導要領は，学校週5日制の完全実施と併せて行われたもので，「生きる力」の育成及び各学校における創意工夫を生かした教育の推進を象徴する「総合的な学習の時間」を新たに設けたことに特色がある。

学習指導要領の改訂は文部大臣が中央教育審議会に諮問し，その答申を受けて行うことになっている。当時急激に社会が変化し，いじめや不登校，さらには学校の"荒れ"や学級崩壊，社会体験や生活体験の衰退，家庭教育の在り方や学校との連携などの問題，中学校では高校受験準備教育の過熱化など，学校教育にまつわる課題が山積していた。そんな中，当時の中央教育審議会は，「21世紀を展望した我が国の教育の在り方について」を答申した（平成8年7月）。

図5-1　答申「21世紀を展望した我が国の教育の在り方について」

答申では，これからの学校教育には「ゆとり」の中で自ら学び自ら考える「生きる力」の育成を基調としながら，

- 教育内容を厳選し，基礎・基本の徹底を図ること
- 児童生徒一人一人の個性を生かす教育を一層推進すること
- 豊かな人間性とたくましい体をはぐくむ教育に努めること
- 横断的・総合的な指導を推進するため「総合的な学習の時間」を新たに設けること
- 学校週5日制の導入を図ること

・開かれた学校を目指し学校の自主性・自律性を図ること
などを提言した。

　この提言に基づき平成 8 年 8 月，文部大臣は教育課程審議会に「幼稚園，小学校，中学校，高等学校，盲学校，聾学校及び養護学校の教育課程の基準の改善について」諮問を行った。教育課程審議会は 2 年にわたる審議を重ね，文部大臣に答申した（平成10年 7 月）。この答申では教育課程の基準の改善のねらいとして次の 4 点を挙げている。

1) 豊かな人間性や社会性，国際社会に生きる日本人としての自覚を育成すること
2) 自ら学び，自ら考える力を育成すること

Column

学校現場では混乱「総合的な学習の時間」

　各教科等については学習指導要領によって目標・内容が示され，授業時数は学校教育法施行規則で定め，教科書もあることから，どこの学校でも授業は一定のレベルで行われている。

　しかし，「総合的な学習の時間」は"ねらい"として「①自ら課題を見付け，自ら学び，自ら考え，主体的に判断し，よりよく問題を解決する資質や能力を育てること。②学び方やものの考え方を身に付け，問題の解決や探究活動に主体的，創造的に取り組む態度を育て，自己の生き方を考えることができるようにすること。」とあるだけ。また，学習内容も示されず，学習課題例として国際理解，情報，福祉・健康などの横断的・総合的な課題，児童生徒の興味・関心に基づく課題，地域や学校の特色に応じた課題などを例示しただけであった。

　そのため多くの学校では，この時間の年間指導計画を立てることにも難渋し，"国際理解" として英語の学習をしたり，"情報" ではパソコンの学習をしたりするなど，この時間の学習活動としては不適切な実践も見られた。一方，この時間を活用して地域の教育資源を利用した学校独自のカリキュラムを開発するなど優れた実践活動に取り組んでいる学校もあった。

第5章　学習指導要領と教科書，補助教材

3) ゆとりのある教育活動を展開するなかで，基礎・基本の確実な定着を図り，個性を生かす教育を充実すること
4) 各学校が創意工夫を生かし特色ある教育，特色ある学校づくりを進めること

【平成20年版】

平成20（2008）年版の学習指導要領は，現在各学校において活用されているが，その改訂に向けて文部科学省は，「教育課程部会におけるこれまでの審議のまとめ」（平成19年11月7日）として，改訂学習指導要領の内容をコンパクトにまとめたリーフレット「『生きる力』『理念』は変わりません「学習指導要領」が変わります」（図5-2）を作成し，すべての小・中学校の教員と保護者に配付した。

このような措置はこれまでになかったもので，学習指導要領改訂の趣旨を広く国民に理解を得るための国の強い思いが込められた取組みといえる。

図5-2　「生きる力」リーフレット

リーフレットには「教育基本法や学校教育法の改正などを踏まえ，『生きる力』をはぐくむという学習指導要領の理念を実現するため，その具体的な手立てを確立する観点から学習指導要領を改訂します。」とあり，改訂のポイントとして次の7項目を挙げている。

① 改正教育基本法等を踏まえた学習指導要領改訂
② 「生きる力」という理念の共有
③ 基礎的・基本的な知識・技能の習得
④ 思考力・判断力・表現力等の育成
⑤ 確かな学力を確立するために必要な授業時数の確保
⑥ 学習意欲の向上や学習習慣の確立

⑦　豊かな心や健やかな体の育成のための指導の充実

(2) 学習指導要領の全体構成

平成20年の改訂によって，「総合的な学習の時間」の趣旨は，前回を踏襲しながらも学習指導要領には教科と同様に章として位置付けられ，「第1　目標」，「第2　各学校において定める目標及び内容」，「第3　指導計画の作成と内容の取扱い」と，教科と同様な構成となったことで，各学校では教科と同様に教育課程に組み込み，教科とは異なる特色ある教育活動を展開するようになった（第9章参照）。

表5-3　学習指導要領の全体構成

小学校	中学校
第1章　総則　総則 第2章　各教科（第1節　国語，第2節　社会，第3節　算数，第4節　理科，第5節　生活，第6節　音楽，第7節　図画工作，第8節　家庭，第9節　体育） 第3章　特別の教科　道徳 第4章　外国語活動 第5章　総合的な学習の時間 第6章　特別活動	第1章　総則 第2章　各教科（第1節　国語，第2節　社会，第3節　数学，第4節　理科，第5節　音楽，第6節　美術，第7節　保健体育，第8節　技術・家庭，第9節　外国語） 第3章　特別の教科　道徳 第4章　総合的な学習の時間 第5章　特別活動

(3) 総　　則

総則は，小学校，中学校ともに4つの事項によって構成されている。

「第1　教育課程編成の一般方針」

この項は各学校において教育課程の編成・実施に関する基本的な考え方を示しているが，教科指導や教材研究に向けた基本的な態度として十分な読み込みが必要である。

〈第1の1〉今回の改訂に向けての理念を示している。

「生きる力」を育むために

① 基礎的・基本的な知識・技能の確実な習得
② 習得した知識・技能を活用して課題を解決するために必要な思考力，判断力，表現力その他の能力をはぐくむこと
③ 主体的に学習に取り組む態度を養い，個性を生かす教育に努めること

「生きる力」を育む上で必要とする学力観・学習指導観を明確に示している。授業の組み立てや教材研究に当たってはここに示す趣旨を十分に生かしたい。さらに，児童生徒一人一人について確かな学力を育むためには，言語活動の充実や家庭との連携による学習習慣の確立を配慮事項として挙げている。このような具体的な指摘は，これまでの学習指導要領にはなかったものである。

なお，これらは教育基本法，学校教育法の改正及び子どもや家庭生活の実態を踏まえたものであり，学力に関しては学校教育法第30条に示す学力の3要素に対応したものである。

〈第1の2〉学校における道徳教育の在り方に関する内容で教育基本法の改正を踏まえ，道徳の指導に関する課題を踏まえて道徳教育の見直しを行い，伝統と文化，公共の精神，生命の尊重（中学校）などが具体的に書き加えられている。なお，道徳の指導に際しては，家庭や地域社会との連携による集団宿泊活動（小学校），職場体験（中学校），ボランティア活動，自然体験活動などの体験を通した道徳性の育成を掲げ，道徳の指導や教材研究についての配慮事項を示している。

〈第1の3〉体育・健康に関する学校教育における取組みについて示している。ここでも家庭や地域社会との連携の重視を指摘し，日常生活における適切な体育・健康に関する活動の実践を促し，生涯を通じて健康・安全で活力ある生活を送るための基礎を培うことを配慮事項として挙げている。保健・体育科や家庭科や学級指導の際の教材研究に活用したい。

「第2　内容等の取扱いに関する共通的事項」

「内容の取扱い等に関する共通的事項」とあるように，この項で示していることは各学校で教育課程を編成・実施する上で特に配慮すべきことを示している。各教科の教材研究にかかわって特に留意すべきは次の3点である。

〈第2の1〉学習指導要領に示す教科等の学習内容はすべて扱うこと。
〈第2の2〉学校において特に必要がある場合には2章以下に示していない内容も指導できること。
〈第2の3〉第2章以下の教科等に示している内容は，特に示す場合を除き，指導の順序を示すものではないので，各学校において適切に工夫して指導ができること。

「第3　授業時数等の取扱い」
〈第3の1〉各教科等の授業は年間35週以上にわたって行うよう計画し，週当たりの授業時数が児童生徒の負担過重にならないよう配慮すること。
〈第3の3〉授業の1単位時間については各教科等の年間授業時数を確保しつつ，児童生徒の発達の段階及び各教科等や学習活動の特質を考慮して学校において適切に定めることができる。なお，中学校では1単位時間として10分程度の短い時間を単位とすることも可とする例示をしている。
〈第3の5〉「総合的な学習の時間」が適切に運営されるよう「特別活動」とのかかわりについての配慮事項を挙げている。

「第4　指導計画の作成等に当たって配慮すべき事項」
　この項は，各教科等の指導で「生きる力」を育む上での配慮事項である。授業の組立てや教材研究にとっては重要な指摘事項である。
〈第4の1〉各学校で教育課程を編成する際には各教科間や各学年相互の関連，系統的，発展的な指導ができるような配慮事項。
〈第4の2〉総則に示した学習指導要領の趣旨を生かした実践上の留意点。各項の指摘を授業の組み立てや教材研究に当たって十分に活用したい。

(4) 各教科等

　第2章以下は，"各教科"，"特別の教科　道徳"，"外国語活動（小学校）"，"総合的な学習の時間"，"特別活動"について，それぞれ「目標」「内容」「指導計画の作成と内容の取扱い」によって構成されている。
　「第1　目標」は，各教科・各分野（中学校）等の目標を示している。
　「第2　各学年・各分野（中学校）の目標及び内容」は，学年・分野（中学

校）ごとに各教科等の目標や内容が示され，各教科等の指導，教材研究には必読である。各教科等のそれぞれについて「何のために〜科の指導や学習活動をするのか」，「目標を達成するために，どのような学習内容を扱うのか」などが示されている。

「第3　指導計画の作成と内容の取扱い」は，各教科等の指導計画作成上の配慮事項とともに，各教科の指導の際の教材の扱い方，言語活動への配慮点，他教科・他学年との連携などついての指摘がある。

3　教科書と補助教材
(1)　教科書は使用しなければならない

このことについては第1章でも述べているが，教科書に関しては「教科書の発行に関する臨時措置法第2条」に「この法律において『教科書』とは，小学校，中学校，高等学校，中等教育学校及びこれらに準ずる学校において，教育課程の構成に応じて組織排列された教科の主たる教材として，教授の用に供せられる児童又は生徒用図書であって，文部科学大臣の検定を経たもの又は文部科学省が著作の名義を有するもの」との規定がある。また，学校教育法第34条には，「小学校においては，文部科学大臣の検定を経た教科用図書又は文部科学省が著作の名義を有する教科用図書を使用しなければならない。」と規定し，その使用義務を明らかにしている。この規定は，中学校，高等学校，中等教育学校，特別支援学校に準用（49条，62条，70条，82条）されるため，すべての児童生徒は教科書を用いて学習することになる。

なお，「教科用図書」は「教科書」（文部科学省検定済教科書と文部科学省著作教科書）と「教科書以外の教科用図書」として整理することができる。

(2)　教科書の検定

教科書は，民間の出版社によって著作・編集・発行することになっているが，文部科学大臣の検定を経ることによって学校で使用できる仕組みとなっている。検定は，教科書が，教育課程の基準である学習指導要領が定める各教科等の「目標」，「内容」や「内容の取扱い」に基づいて，適切に作成されているかを判

定する制度で，教育水準の維持向上，公正中立で適正な教育内容の確保，教育の機会均等，国民の教育を受ける権利を保障するための仕組みである。

(3) **教科書の無償給与**

教科書の無償給与制度は，日本国憲法の義務教育は無償とする規定（第26条2項）によって制定された法律によって制度化されている（「義務教育諸学校の教科用図書の無償措置に関する法律」（昭和38年））。昭和38年度以来51年間にわたって実施されているが，この制度は，次代を担う児童生徒に国民的自覚を深めてほしいとする国民の願いが込められたものであって，また，教育費の保護者負担軽減を図るものである。なお，義務教育諸学校の設置者は，国から無償給与された教科用図書を，当該の校長を通じて児童生徒に給与することになっている（無償措置法第5条）。

(4) **教科書の採択**

民間の出版社によって発行された教科書を選び各学校で使用するまでには，教科書採択の手続きが必要となるが，教科書の採択の権限は公立学校においては市町村教育委員会にある（地教行法第21条）。なお，採択の際の手続き等についての規則は地方自治体によって定められている。市町村教育委員会で採択された教科書は文部科学大臣に報告され，大臣が教科書の発行者と購入契約を結ぶ。採択された教科書は教科書の発行者や供給業者によって学校に納められ，児童生徒に給与される。

(5) **教科書の活用**

教師は各教科等の指導に当たっては主たる教材として教科書を使用することになっている（学校教育法第34条，49条）が，教科書には学習指導要領に示す標準的な内容とともに，補充的な学習や発展的な学習などに応じた学習内容が記述されているので，教科書の記述内容を定められた授業時数では指導しきれない場合がある。このことに関して文部科学省初等中等教育局長名で通知が発出されている（文部科学省初等中等教育局長　金森越哉　平成21年3月30日）。この通知では，児童生徒の学習状況等を考慮して，記述内容の取扱いを軽減したり内容の精選をしたりするなどの配慮が重要であると指摘している。教科書

第5章 学習指導要領と教科書，補助教材

の活用に当たっては，学習指導要領に示す範囲内で教員が創意工夫し，児童生徒の学習状況に応じて充実した教科指導とする取組みが必要である。そのため「教科書を教える」のではなく「教科書で教える」教員の指導力が求められる。

(6) 補　助　教　材

　各教科等の授業で，教科書以外の資料集やドリルなど，授業の展開に必要とする有益適切な教材の使用は認められており（学校教育法第34条の2），これらの教科書以外の教材を補助教材と呼んでいる。ただし，学校で補助教材を使用する場合にはあらかじめ教育委員会に届け出るか，教育委員会規則に則って承認を受ける。

　なお，補助教材の使用に関して文部科学省から通知が発出されている（文部科学省初等中等教育局長　小松　親次郎　「学校における補助教材の適正な取扱いについて（通知）」平成27年3月4日）。

　通知では補助教材として「市販，自作等を問わず，例えば，副読本，解説書，資料集，学習帳，問題集等のほか，プリント類，視聴覚教材，掛図，新聞等も含まれる」とあり，さらに，「各学校においては，指導の効果を高めるため，地域や学校及び児童生徒の実態等に応じ，校長の責任の下，教育的見地からみて有益適切な補助教材を有効に活用することが重要であること。」と，補助教材の活用を促す指摘もある。なお，今後はICTを活用した授業が実践されることになるが，マルチ・メディアを活用した教材研究への取組みも必要となる（第6章・第15章参照）。

（佐野　金吾）

〈参考文献〉
中央教育審議会答申「学習指導要領等の改善について」平成20年1月17日
文部科学省『学習指導要領解説　総則編』平成20年9月
無藤隆・佐野金吾・草野一紀著『中学校教育課程講座　総則』ぎょうせい，2008年12月10日

第6章 情報通信技術と教材

1 情報通信技術と教材との関係

　情報通信技術はその進展が著しく，児童生徒は利用スキルにすぐに適応できるが保護者や教師はできないなど，世代間での教育継承に課題が生じているので，「流行」での利用スキル等を素材例として扱うことは大切であるが，「不易」である指導内容などの教育的なねらいを押さえた教材活用が重要である。

　また，教材を活用する際は，デジタル技術や情報通信ネットワーク技術がもつプラス面とマイナス面を明らかにしておく必要がある。

　教材にかかわる対象者，教育内容や教育方法などにより，教材の性質や扱い方が異なるので，下図の全体像で示した各項目に従い，教材について述べる。

図6-1　教材の対象における教材の種類

2 教育内容としての教材

(1) 情報活用能力を育成する教材

文部科学省では,「情報及び情報手段を主体的に選択し,活用していくための個人の基礎的資質」を情報活用能力と定義し,具体的には3観点8要素に整理している(表6-1)。この3観点に当たる「情報活用の実践力」「情報の科学的

表6-1 情報活用能力の育成と教材の関係(例)

3観点	情報活用の実践力	情報の科学的な理解	情報社会に参画する態度
8要素	○必要な情報の主体的な収集・判断・表現・処理・創造 ○受け手の状況などを踏まえた発信・伝達 ○課題や目的に応じた情報手段の適切な活用	○自らの情報活用を評価・改善するための理論や方法の理解 ○情報手段の特性の理解	○情報や情報技術の役割や影響の理解 ○情報モラルの必要性,情報に対する責任 ○望ましい情報社会の創造への参画
学習内容の例	○インターネットを利用した情報収集 ○表計算ソフトを使用した情報処理 ○デジタルカメラを使用した情報収集 ○プレゼンテーションソフトを利用した情報発信 ○プログラムによる機器の制御 ○情報手段を活用した問題解決	○コンピュータの構成 ○デジタル化の仕組み,デジタル情報の特性 ○ネットワークの仕組みと特性,利用方法 ○情報セキュリティの仕組みの理解	○情報技術の進展に伴う社会や生活の変化 ○情報通信技術がもたらすプラス面とマイナス面の影響の理解 ○情報手段の適切な活用方法を考える ○情報セキュリティや安全対策を考える
教材の例	○パーソナルコンピュータ,各種アプリケーションソフト,ロボット	○教科書,学習プリント,糸電話	○ネットトラブルの事例紹介VTR,プラス面とマイナス面の影響を疑似体験のコンテンツ,話し合いを促す情報共有システム

な理解」「情報社会に参画する態度」は，情報通信技術の利用スキルに限らず，情報化社会を生き抜くために必要な資質・能力をバランスよく育てるための柱として設定されている。そのため，情報通信技術の活用（デジタルカメラの利用，アプリケーションの利用等）に限らず，学習プリントや非デジタルの教材も活用して組み合わせることで，情報活用能力の3観点をバランスよく育てる学習指導が求められる。こうした情報活用能力の育成，あるいは情報通信技術の活用については，中学校技術・家庭科（技術分野）や高等学校情報科を中核として，各教科・道徳・総合的な学習の時間・特別活動等における指導計画上に適宜配列していくことが求められる。

【事例紹介】情報活用能力を育てる学習活動の例
①情報活用の実践力
　パーソナルコンピュータの利用，デジタルカメラでの取材，プログラミング等情報手段を用いた問題解決

図6-2　情報手段の活用の例

②情報の科学的な理解
　教科書や紙教材を活用したデジタル化の仕組み，ネットワークの特性，計測・制御機器の仕組み，情報手段の特性，情報処理手順などの理解

図6-3　紙教材の活用の例

第6章　情報通信技術と教材

③情報社会に参画する態度

　セキュリティ被害の疑似体験，情報手段のよりよい活用法を考える学習，情報モラルを考える映像教材等

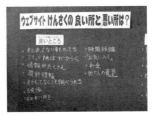

図6-4　情報手段の活用の例

(2)　情報モラル教育のための教材

　昭和62年の臨教審第三次答申では，既に「情報モラルの確立」が掲げられ，情報化の進展に伴う社会の変化と学校教育における情報モラル教育の必要性が論じられている。文部科学省では，情報モラルを「情報社会で適正に活動するための基となる考え方や態度」と定義しており，情報手段の活用方法をHow Toとして教えるのではなく，発生した問題を適切に解決できる資質・能力を育てることが求められる。

　一般に，小学校低学年の児童にもスマートフォンやタブレット端末等の情報手段が浸透し，コミュニケーション上のトラブルが増加傾向にあるといわれている。そんな折，トラブルの発生を予防するために，緊急措置として適切な利用方法を理解させるための教材としては，トラブルを疑似体験するコンテンツや，実際のトラブル事例をモデル化した提示教材等が利用される（図6-5(a)）。さらに，類似するトラブルにも主体的に対応できるよう，情報通信技術の特性を科学的に理解させる教材や，対処法を話し合いによって考案させる教材も組み合わせることがある（図6-5(b)）。不測の事態に遭遇しても，あるいは将来の新技術による未知のトラブルが発生しても，その原因等を科学的に分析し，論理的な思考で対処する力を育てることが，これからの情報モラル教育であるともいえる。

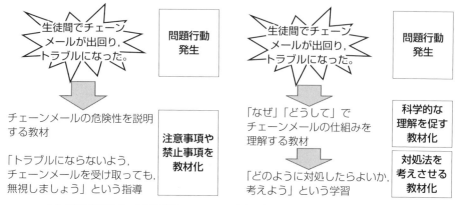

図 6-5　児童生徒のトラブルを教材化する流れ

3　学習指導のための教材

　デジタル技術や情報通信ネットワーク技術を活用した教材を利用・作成する際には，容易にコピーができるなど，それらの技術がもつプラス面がある反面，著作権を侵害しやすいなどのマイナス面が生じるので，留意する必要がある。著作権については，第14章を参考にされたい。

（1）　主体的な学習を支援する教材

　情報通信技術を活用して，児童生徒の学習を支援する場面としては，次のようなものが考えられる。

○コンピュータ室での授業，インターネットを利用した調べ学習
○デジタルカメラを使用した情報収集
○班活動における共同制作，アプリケーションソフトを利用した教科学習
○ドリル学習，コミュニケーション活動の支援
○提示装置等を利用したプレゼンテーション活動

　こうした場面においては，情報通信技術を生かした教材が活用されることにより，児童生徒が主体的に学習を進める姿を期待することができる。そして，

第6章　情報通信技術と教材

児童生徒の基礎・基本の定着や，思考・判断・表現活動の支援，創造性の育成，コミュニケーション能力の発達，プレゼンテーション能力の育成等をねらうことができる。

また，特別支援学校等における児童生徒の学習支援（あるいは生活支援）においては，情報通信技術の活用が欠かせない。こうした指導生徒に対する支援教材については，第10章を参考にされたい。

ICレコーダ

デジタルカメラとメモ

プレゼンテーションソフト

図 6-6　主体的な学習を支援する教材の例

【事例紹介】情報手段の特性を生かすプレゼンテーションとは？

① 小学校低学年の生活科で，朝顔の成長過程をスケッチしていた。先生は，同じ日の朝顔の様子を，デジタルカメラで撮影しておいた。ある日の授業で，児童がスケッチを成長順に並べ替える学習に取り組んだ。先生は，撮影した写真を黒板に貼って「どんな順に成長したかな？」と問いかける。児童は，自分のスケッチと見比べながら，成長順を理解していく。そして先生は，オリジナルのムービーを児童に見せて，その成長を振り返っている（図 6-7）。

児童のスケッチ

先生の写真

ムービー

図 6-7　生活科での例

② 小学校高学年のあるクラスでは，集めてきたものを書画カメラとテレビに投影して，クラス全員に紹介していた。ところが，画面の映像よりも，実物のほうが大きかった（**図 6-8**）。

③ 小学校高学年のあるクラスでは，福祉について学習するときに，高齢者の視点でパソコンを使ってみようという探究学習に取り組んだ。ゴーグルを厚紙で包んで視野を狭くし，文書処理ソフトを起動して，文字入力をしている。文字の大きさや太さをどの程度にすれば，高齢者でも見やすい画面になるか，自分たちで試行錯誤しながら考えている（**図 6-9**）。

図 6-8　書画カメラでの例　　**図 6-9　視野を狭くした例**

④ 小学校低学年の生活科では，「町たんけん」に行き，公共物を調べてきた。マンホールに興味をもった班の児童は，マンホールの実物大模型で大きさを説明し，デジタルカメラで撮った写真を拡大投影して模様を説明していた。情報手段の特性を使い分けた好事例といえる（**図 6-10**）。

図 6-10　実物大模型と拡大投影の例

⑤ 中学校 3 年生の総合学習で，修学旅行先で見つけた伝統文化について調べてプレゼンテーションしていた。ある班は華道について興味をもち，模造紙は常掲する情報を，手持ちのパネルは効果的な情報提示を，液晶テレビには写真を，目の

前では実際に生け花を実演した。別の班は，花かんざしの作り方を調べてきたので，映像では実物写真を投影し，模造紙を使って作り方を実演していた。伝えたい内容に応じて，情報手段の特性を生かしている事例といえる（図6-11）。

プレゼンテーションの様子　　生け花の実演　　パネルで情報提示

図6-11　総合学習での活用の例

(2) 「学力の三要素」に即した教材の作成

歴史的には，コンピュータを用いたドリル型の学習ソフトウェア（CAI等）や自学自習を支援する学習ソフトウェアが販売され，これを導入する学校も多かった。

現在では，情報通信技術の普及により，単なる「知識や技能の習得場面」だけでなく，市販教材を活用したり，教員一人一人が情報通信技術を使って教材を自作したりすることができるようになった。これからの教材作成では，「学力の三要素」を意識して，児童生徒の学習活動を支援できるよう，情報通信技術を活用していくことが望まれる。

「学力の三要素」とは，学校教育法第30条第2項に示された「基礎的な知識及び技能」，「これらを活用して課題を解決するために必要な思考力，判断力，表現力その他の能力」及び「主体的に学習に取り組む態度」を指すが，ここでは，「知識や技能の習得場面」「習得した知識や技能を活用して思考力・判断力・表現力を養う場面」「関心・意欲・態度を養う場面」で情報通信技術を活用した教材を示していく。

例えば，提示教材では，「学力の三要素」に対応させて，次に示すような様々な活用方法を考えるとよい。

★授業の導入場面
　○「関心・意欲・態度」を喚起するよう，視覚に訴える魅力的な内容を提示する。
　○学習のねらいを視覚的に提示し学習への必然性を感じさせ，授業へ引き込む。
★知識や技能の習得場面
　プレゼンテーションソフトウェアを利用して板書を代替するスライド画面を作成したり，教科書の内容を補完する内容の映像教材を作成したりする。
★習得した知識や技能を活用して思考力・判断力・表現力を養う場面
　○教師自作のスライドや映像を提示することで，児童生徒の理解を深め，思考・判断・表現活動を促すヒントを与えたりする。
　○タブレット型のパソコンを活用し，児童生徒の思考・判断・表現活動の中で他の児童生徒が参考になる情報を収集し，ヒントとして提示する。
★授業のまとめ場面
　○単元などで養われた「関心・意欲・態度」の「態度」について，学習成果を生活や社会で活用していく事例を紹介する。
　○児童生徒の学習成果を児童生徒に紹介する。

いずれの場面でも提示方法では，教室に大型ディスプレイや液晶プロジェクタが常設（あるいは容易に設置）できるような環境が整いつつあるので，「学力の三要素」の学習機能を考えた提示方法を工夫する必要がある。

ほかにも，補助教材，学習プリント，デジタル教科書等の教材を学習支援として利用していきたい。

図6-12　美術科：教師の実演を拡大投影して説明する様子

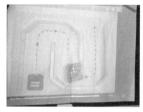

図6-13　技術科：プログラムを考えるヒントとして先輩の動画を提示する様子

図6-14　タブレット型のパソコンでヒントとなるワークシートの記載内容を収集している様子

(3) 学習指導を活性化する学習情報の収集

　教育の情報化が推進され，情報通信技術を効果的に活用した授業に関する研究が進められた。なかでも，フューチャースクール事業で取り組まれた，タブレット端末の活用例は注目に値する（次ページ事例参照）。

　児童生徒に，1人1台のタブレット型コンピュータの端末を与え，学校の授業と家庭学習とで活用する事例がある。授業においては，タブレット型コンピュータの端末に各自の考えを記入すると，即座にそれが共有され，各端末や大型スクリーンに表示されるようになっている。家庭においては，持ち帰り学習ができるようになっており，例えば，職場体験学習の活動記録を家庭で作成しておき，登校時にそれが共有されるようになっている。ほかにも，家庭に持ち帰ったタブレット型コンピュータ端末に，教師が作成した宿題が表示され，宿題をネットワーク経由で提出している事例もある。このように，タブレット型コンピュータ端末の携帯性を生かし，情報共有を容易にする教材があれば，学習指導をより活性化することができるようになる。

　タブレット型コンピュータ端末以外にも，デジタルカメラ，大型プリンタ，液晶プロジェクタ等，様々な情報通信技術が，学習情報の共有に使われている。

4　学校経営や指導事務のための教材

　教材の範囲を拡張して，学校経営や指導事務のための教材としてとらえたとき，情報通信技術を活用する場面は多岐にわたる（83ページ**表6-2**）。こうした教材の多くは，グループウェアや校務用システム等のパッケージとして教材化され，学校単位・あるいは地域単位で導入されることが多い。一方で，膨大な個人情報を管理することにもつながるため，情報の管理（保管，機密保持，廃棄等）について厳重な注意を払う必要がある。

5　情報通信技術の活用と著作権問題

　情報技術を活用した教材作成においては，その著作権（及び著作隣接権等の権利）に十分配慮する必要がある。

【事例紹介】情報機器を活用した学びの共有

○合唱練習において，生徒がICレコーダを用いてパート練習を録音し，音のずれや表現上の課題を見付ける場面がある。

○机間指導において，タブレットやデジタルカメラを利用して生徒のノート記述を撮影し，これを画面に投影して即座に共有する場面がある。

○小学校の総合学習で，児童が話し合った内容の板書を，教師がデジタルカメラで撮影して保存する。これを大型プリンタで模造紙の大きさに印刷して，教室に掲示しておく。すると，児童の学びの履歴を全員で共有することができる（図6-15）。

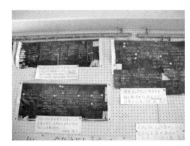

図6-15　学びの履歴を共有している例

○コンピュータ教室の環境も，広義では教材ということができる。写真のように，卵形のデスクにノート型パソコンを配置したタイプのコンピュータ教室では，生徒がお互いの表情を見ながら学習できるため，相談しやすく，コミュニケーションが活発な授業が展開されていた（図6-16）。

図6-16　活発なコミュニケーションが見られる例

第6章　情報通信技術と教材

表6-2　学校経営や指導事務のための教材活用場面例

教育事務におけるICT活用（例）	学校管理におけるICT活用（例）
○会議資料や実施要項等の作成 ○出退勤管理 ○出席簿の作成・管理 ○児童生徒の健康管理 ○生徒指導要録の作成 ○成績処理 ○通信票の作成 ○時間割の作成 ○指導計画や週案の作成と管理 ○進路関係書類（調査書等）の作成 ○共有フォルダによるファイル管理 ○地域や諸機関との情報交換	○イントラネットを活用した防犯カメラや防災システムの整備 ○学校ホームページにおける情報発信 ○学校からの連絡メール配信 ○学校設備・備品・空き教室の予約や割り当て

　最も懸念されることは，インターネットの利用である。教材作成時に，ネット上のコンテンツ（画像やイラスト，文章等）をコピー・ペーストして自作教材に活用することは，慎重になるべきである。昨今では，児童生徒の夏休みの課題（作文や自由研究等）をサイトから転記して提出している事例が問題になっている。ネット上の音楽・動画コンテンツも，その出所を明確にせずに授業で利用しているケースが散見される。児童生徒に著作権を理解させると同時に，教材作成者側がデジタルコンテンツの利活用について慎重に検討する姿勢をもつことが求められる。

（尾﨑　誠，中村　祐治）

〈参考文献〉
文部科学省『教育の情報化の手引き』2010年10月
JAPET『すべての先生のための「情報モラル」指導実践キックオフガイド』2007年3月
文部科学省『21世紀を生き抜く児童生徒の情報活用能力育成のために』2015年3月
中村祐治ほか『日常の授業で学ぶ情報モラル』教育出版，2007年4月
尾﨑誠ほか『学力の3要素を意識すれば授業が変わる』（第3刷）教育出版，2013年2月

尾﨑誠……主として項目2～5を担当　　中村祐治……主として項目1を担当

第7章　教科と教材研究

1　「教科」について

　教科と教材研究について考えるに当たっては，まず「教科」とは何を指しているかを理解しておくことが大切である。

　我が国では学校教育法施行規則の「教育課程」として，小学校で学ぶ内容は，「国語，社会，算数，理科，生活，音楽，図画工作，家庭，体育」の「各教科」と，「特別の教科 道徳」，「外国語活動」，「総合的な学習の時間」，「特別活動」で編成されており（学校教育法施行規則第50条），中学校で学ぶ内容は，「国語，社会，数学，理科，音楽，美術，保健体育，技術・家庭，外国語」の「各教科」，「特別の教科 道徳」，「総合的な学習の時間」，「特別活動」で編成されている（学校教育法施行規則第72条）。つまり，「教科」とは，小学校，中学校で学ぶ内容・活動のすべてを指しているのではなく，「各教科」及び「特別の教科 道徳」を対象として，教育内容の最も重要な地位を占めている。

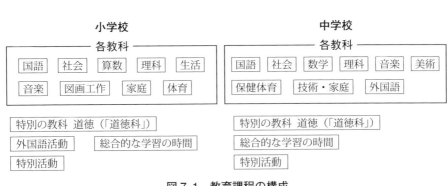

図7-1　教育課程の構成

2 「教科」の特性と内容

「教科」は，教育内容の分け方によって個々の「教科」が登場してくるのであるが，既に我が国では，前記のように学習指導要領によって教育内容を主にして「教科」が位置付けられている。それらがどのような学習内容によって分けられているかをみてみると，大きく次の4つに分けることができよう。

辰野千壽（2013）は，教育内容を，言語情報の学習，知識技能の学習，運動技能の学習，情意領域の学習の4つに分けている。これは，「教科」の分け方に通じるものともいえよう。

言語情報の学習や知識技能の学習としては，国語科をはじめ，外国語科，社会科，算数・数学科，理科，家庭科，技術・家庭科のそれぞれが含まれ，対象や特性によってさらに分類されていく。また，運動技能の学習としては，体育科・保健体育科，情意領域の学習としては，音楽科，図画工作・美術科に分けられよう。これらの分け方によっても各教科の内容によって，主たる学習に重きを置きつつも，他の学習内容が含まれてくる。

例えば，国語科での「読む」ことに重きを置く内容で，作者の意図を汲みながら感情豊かに表現する（読む）ことが求められる活動は，言語活動と同時に情意活動も含んだ活動ともいえる。また，図画工作科の造形活動での道具の扱いや形や色彩の組み合わせを理解する活動などは，技能や知的活動ととらえる活動とみることができる。しかし作品を制作することが最終目的であることを考えると，その活動は，技能や知的活動を含んだ創造的活動ととらえることができ，情意的活動とみることができよう。

このように，どのような学習活動内容に重きを置くのかで，その教科の位置付けが判断されようが，その教科の活動の多くを占める内容によって教科の位置付けが判断されている。

(1) 「教科」と「教材研究」

「教科」と「教材研究」について考察するに当たって，次に考えなければならないのが「教材」のことであるが，「教材」の概念については，既に本書の第1章で述べられている。

そのうえで、重要となってくるのが「教材」についての研究である。この点について、宮本友弘（2013）は、「教材研究」について、「当該の教育目標を達成するために、何かの内容と学習者の認識を『教材』という概念で適切に関係付けようとする教師の営為が『教材研究』である。」と述べている。

さらに、「実際の教材研究は、便宜上、教材を実体物になぞらえ、2つの局面に分けられる」としている。1つは「教材開発」で、教材を設計し、具体化する局面である。もう1つは「教材活用」で、教材を実際の授業で使用し、評価・改善する局面であると述べている。

すなわち、宮本は「教材研究」について、「教材開発」と「教材活用」の両局面から検討することが必要であるとし、さらに「教材開発」と「教材活用」のそれぞれについて、以下のように考えることができるとしている。

（2）教材開発

「教材開発」については、その必要な観点として、以下の3つを挙げている。それは、①「教材構成」、②「教材解釈」、③「学習理論」の3つである。

① 「教材構成」

「教材構成」は、教材開発を行う、あるいはその過程においてまず念頭に置かなければならない事柄である。「教材構成」は、教材の構想から授業の導入に至るまでに検討されなければならない。そこでさらに「教材分析」を行い、「教材選択」へと進んでいく。

「教材構成」に当たっては、次の3つを検討する。

①意図的対応性：学習指導の目標に対応しているか。
②典型性：学習内容を典型的に反映しているか。
③問いの誘発性：子どもの好奇心・探究心を喚起するか。

さらに「教材分析」では、次の3つの必要性を挙げている。

①一般的分析：実生活でどのような意義や効用をもつのか。
②専門的分析：各教科領域等の基盤となる学問の内容・方法を踏まえているか。
③教育的分析：子どもの成長・発達にどんな寄与を果たすのか。

また「教材選択」では，教材分析と関連付けて3つの観点から選択の根拠や理由を明確にすることを挙げている。

①目的論的観点：学習目標を達成・接近できるか。
②心理学的観点：子どもの興味や疑問を喚起するか。
③価値論的観点：子どもにとって重要な意義が認められるか。

なお，実際の教材を構成するに当たっては，次の3つの方法を挙げている。
①上から下への方法（演繹的構成：教育内容設定後，適切な教材を選択する。）
②下から上への方法（帰納的構成：教材の選択後，教育内容と擦り合わせる。）
③生成源からの方法（発生的構成：原理や法則の発見過程を追体験できるように教材を構成する。）

以上のことを踏まえて，「教材構成」についての到達点として，教材を使用する学習活動が，「明示された習得の目標を効果的に達成するようにしていく方式」の「習得型」と，「子どもたちが目標や課題を自分たちの力で調べ探究するように，教師がその道筋や場面等の整備を配慮しながら子どもたちの活動を助成する方式」の「探究型」の，いずれに重きを置いているかを見極めて「教材」を柔軟に位置付けることを挙げている。

② 「教材解釈」

「教材解釈」については，教師の解釈によって左右されることがあるので，教師の教材解釈が重要であることを挙げている。特に，教材として「ある教材」と教材に「なる教材」は，この教師の意味付けによってなされるので，教師の判断・教材観が問われてくる。それによって，教材としての存在・価値が左右される。（「ある教材」，「なる教材」の教材論については，小笠原喜康（2013）の「『ある』から『なる』への教材論の論理—Davidsonの『三角測量』論によって—」『教材事典』東京堂出版，等々を参照されたい。）

③ 「学習理論」

「学習理論」については，宮本は，「教材のあり方は，結局のところ，どのような学習活動と学習成果（形成すべき学力）を構想するかによる。それらに理論的根拠を与える」ものであるとしている。その「学習理論」は，以下の3つ

の論があるとしている。
- 「行動論的アプローチ」：行動の客観性を重視し，刺激と反応，環境と行動との関係を明らかにしようとする（知的学力，技能的学力等が中心）。
  ⇒教材としては，プログラム学習が典型的である。
- 「認知論的アプローチ」：認知の働きの過程や結果である知識の内容を重視する（学力は，知的学力，技能的学力が中心になるが，態度的学力の形成にも関係している）。
  ⇒教材は，学習者の認知構造の変容を促すように構成されているか否かが重視される。
- 「状況論的アプローチ」：学習を，何らかの社会・文化との関係でとらえ，共同体への実践的参加の過程での変容とする。そうしたなかでは，知的学力や技能的学力が身に付くにしても，態度的学力の関与が大きい。
  ⇒教材は，学習者を様々な共同体に参加させるなかで，どのように位置付けられるかが重視される。

(3) 教材活用

次に「教材活用」であるが，宮本は「教材活用」について，①学習分野，②学習意欲，③教科書，④教材の改善の4つの観点から以下のように述べている。

①**学習分野**：学習分野は4つに分類されることから，それによって学習活動と教材との位置付けの変化について述べている。

1つ目は言語情報で，宣言的知識，手続き的知識，自己制御的知識といった言語知識。この分野の学習では，教材の提示が問題となる。

2つ目は知的技能で，読む・書く・聞く・話す・数える技能，学習・記憶・転移技能，思考・問題解決技能，創造的技能，表現技能，自己制御的技能（メタ認知的技能）等である。この分野の学習は，講義による方法では，技能の内容やその過程について説明し，さらにその技能を理解させ，自律的学習と自己強化を反復させることによって効果的に行われる。

3つ目は運動技能で，刺激を知覚したとき，それにうまく筋肉運動で反応し，一定の課題をうまく処理する技能である。指導方法としては，言葉による指導，

模範演示による指導(模倣),手をとって教える手引き指導,映画・テレビなどの映像による指導などがある。

4つ目は情意領域で,物事に対する好悪の感じと,それに対する反応を含んでおり,関心・意欲・態度はもちろん,感情,情緒,情操,鑑賞,価値観なども含んでいる。この領域の学習は,模倣,条件付け,知的理解,意図的形成などによって行われる。

②**学習意欲**:学習意欲とは学習に対する動機付けのことで,学習活動における学習者の重要な内的要因である。伝統的に学習に対する動機付けは,近年,外発的動機付けと内発的動機付けについて,両者は自己決定性(自律性)の次元に連続的に位置付けされると考えられるようになってきた。さらに,教材によって喚起された知的好奇心が,当該の教材によって展開される学習活動が自律的になっていくための工夫が重要である。

③**教科書**:学習活動における教科書については,「教科書を教える」,または「教科書で教える」の問いがなされることがあるが,教師は,教科書「を」教えるのではなく,教科書「で」教えることが基本である。

「教科書を教える」とは,教師の役割としては,学習者に教科書の内容を伝達することに重きが置かれることである。「教科書で教える」とは,教育内容を教師が主体的に選択し,教育内容を編成・構成して,学習者に指導を行うことである。そのためには,教師の専門性や教材選択の能力・習熟等が問われてくる。

④**教材の改善**:教材の良し悪しは,教師の直観や権威者の判断などに頼るのではなく,しっかりとした手続きによって得られた証拠(エビデンス)に基づいてなされることが大切である。

(4) 教材分析

「教材分析」については,長谷川榮(2013)の「教材構成」論の中の「教材分析」を紹介しながら述べていく。

長谷川は,一般的な「教材分析」について,①一般的分析,②専門的分析,③教育的分析の3つの方法を挙げている。それによると以下のようである。

①一般的分析では,「人間の生活を念頭に置いて教材を分析することである。」

と述べ,「生活において予定される教材はどんな意義や効用をもつのか,吟味することである。」としている。その例として,四季折々に咲く花を挙げ,そこから花の仕組みや働きを分析し,人間生活上の意義の分析等に展開していくことを挙げている。すなわち,生活を念頭に,教材がどのように機能し,どのような効用をもつのかなどのそれぞれの面から教材分析をするのである。

②専門的分析では,「教材の背景には,それにかかわる専門科学の研究と成果が存在する。これに全面的に依拠することは難しいが,教材として取り上げる大事な内容について専門的に考察することが必要である。」と述べ,大切なこととして,「どんな方法で調べれば内容の本質が究明できるのか,観察・調査・実験・解釈などの方法を探ることである。」と,その必要性を述べている。

③教育的分析では,「予定する教材が子どもの成長・発達にどんな寄与を果たすのか,また学ぶことが子どもの生活と学習にどんな意義をもつか,予定する教材に子どもはどんな興味や関心をもつか,教材が子どもの経験や体験を広げ深めるのか」等々の分析の視点を挙げている。それは「教材について子どもの現実の関心や知識や能力を明らかにして,教材による子どもの成長の方向を見定めることである。」との観点と必要性を述べている。

以上のように,教科の指導を行っていく際には,「教科」とはどのようなことを意味しているのかから始まり,「教材」の概念(教材観),それを指導していく際の考え方と方法等を多面的にとらえながら,指導を検討していくことが必要とされるのである。

3 教科の目標・内容と教材

各教科を指導するに当たって大切なことは,各教科の目標を知っておくことである。小・中学校学習指導要領では,各教科の目標は次ページ**表7-1**のようになっている。ここではこれらの目標をもとに,理科と音楽科の学習内容と教材の関係についてみてみる。

第7章　教科と教材研究

表7-1　教科の目標（「小学校学習指導要領」「中学校学習指導要領」2008・2009年改訂より）

	小　学　校	中　学　校
国　語	国語を適切に表現し正確に理解する能力を育成し，伝え合う力を高めるとともに，思考力や想像力及び言語感覚を養い，国語に対する関心を深め国語を尊重する態度を育てる。	国語を適切に表現し正確に理解する能力を育成し，伝え合う力を高めるとともに，思考力や想像力を養い言語感覚を豊かにし，国語に対する認識を深め国語を尊重する態度を育てる。
社　会	社会生活についての理解を図り，我が国の国土と歴史に対する理解と愛情を育て，国際社会に生きる平和で民主的な国家・社会の形成者として必要な公民的資質の基礎を養う。	広い視野に立って，社会に対する関心を高め，諸資料に基づいて多面的・多角的に考察し，我が国の国土と歴史に対する理解と愛情を深め，公民としての基礎的教養を培い，国際社会に生きる平和で民主的な国家・社会の形成者として必要な公民的資質の基礎を養う。
算　数 (小学校) 数　学 (中学校)	算数的活動を通して，数量や図形についての基礎的・基本的な知識及び技能を身に付け，日常の事象について見通しをもち筋道を立てて考え，表現する能力を育てるとともに，算数的活動の楽しさや数理的な処理のよさに気付き，進んで生活や学習に活用しようとする態度を育てる。	数学的活動を通して，数量や図形などに関する基礎的な概念や原理・法則についての理解を深め，数学的な表現や処理の仕方を習得し，事象を数理的に考察し表現する能力を高めるとともに，数学的活動の楽しさや数学のよさを実感し，それらを活用して考えたり判断したりしようとする態度を育てる。
理　科	自然に親しみ，見通しをもって観察，実験などを行い，問題解決の能力と自然を愛する心情を育てるとともに，自然の事物・現象についての実感を伴った理解を図り，科学的な見方や考え方を養う。	自然の事物・現象に進んでかかわり，目的意識をもって観察，実験などを行い，科学的に探究する能力の基礎と態度を育てるとともに自然の事物・現象についての理解を深め，科学的な見方や考え方を養う。

生　活 （小学校）	具体的な活動や体験を通して，自分と身近な人々，社会及び自然とのかかわりに関心をもち，自分自身や自分の生活について考えさせるとともに，その過程において生活上必要な習慣や技能を身に付けさせ，自立への基礎を養う。	
音　楽	表現及び鑑賞の活動を通して，音楽を愛好する心情と音楽に対する感性を育てるとともに，音楽活動の基礎的な能力を培い，豊かな情操を養う。	表現及び鑑賞の幅広い活動を通して，音楽を愛好する心情を育てるとともに，音楽に対する感性を豊かにし，音楽活動の基礎的な能力を伸ばし，音楽文化についての理解を深め，豊かな情操を養う。
図画工作 （小学校） 美　術 （中学校）	表現及び鑑賞の活動を通して，感性を働かせながら，つくりだす喜びを味わうようにするとともに，造形的な創造活動の基礎的な能力を培い，豊かな情操を養う。	表現及び鑑賞の幅広い活動を通して，美術の創造活動の喜びを味わい美術を愛好する心情を育てるとともに，感性を豊かにし，美術の基礎的な能力を伸ばし，美術文化についての理解を深め，豊かな情操を養う。
家　庭 （小学校） 技術・家庭 （中学校）	衣食住などに関する実践的・体験的な活動を通して，日常生活に必要な基礎的・基本的な知識及び技能を身に付けるとともに，家庭生活を大切にする心情をはぐくみ，家族の一員として生活をよりよくしようとする実践的な態度を育てる。	生活に必要な基礎的・基本的な知識及び技術の習得を通して，生活と技術とのかかわりについて理解を深め，進んで生活を工夫し創造する能力と実践的な態度を育てる。 [**技術分野**：ものづくりなどの実践的・体験的な学習活動を通して，材料と加工，エネルギー変換，生物育成及び情報に関する基礎的・基本的な知識及び技術を習得するとともに，技術と社会や環境とのかかわりについて理解を深め，技術を適切に評価

		し活用する能力と態度を育てる。］ ［**家庭分野**：衣食住などに関する実践的・体験的な学習活動を通して，生活の自立に必要な基礎的・基本的な知識及び技術を習得するとともに，家庭の機能について理解を深め，これからの生活を展望して，課題をもって生活をよりよくしようとする能力と態度を育てる。］
体　育 （小学校） 保健体育 （中学校）	心と体を一体としてとらえ，適切な運動の経験と健康・安全についての理解を通して，生涯にわたって運動に親しむ資質や能力の基礎を育てるとともに健康の保持増進と体力の向上を図り，楽しく明るい生活を営む態度を育てる。	心と体を一体としてとらえ，運動や健康・安全についての理解と運動の合理的な実践を通して，生涯にわたって運動に親しむ資質や能力を育てるとともに健康の保持増進のための実践力の育成と体力の向上を図り，明るく豊かな生活を営む態度を育てる。
外国語 （中学校）		外国語を通じて，言語や文化に対する理解を深め，積極的にコミュニケーションを図ろうとする態度の育成を図り，聞くこと，話すこと，読むこと，書くことなどのコミュニケーション能力の基礎を養う。

【理科の目標・内容と教材例】

「理科」の教育内容としては，大きく「エネルギー」「粒子」を柱とした内容と「生命」「地球」を柱とした内容の2つで示されている。それはさらに「物理領域」，「化学領域」，「生物領域」，「地学領域」の4領域から構成されている。それらを見てみると次ページ**表7-2**のようである。

例えば〈生物領域〉の学習において，「生物と環境とのかかわり」は，小学校3年生では，「身近な自然の観察」として「身の回りの生物の様子」と「生物とその周辺の環境との関係」を学ぶ。続いて6年生では「生物と環境（生物と水・空気とのかかわり，食べ物による生物の関係）」，中学校では1年生で「生物の観察」，3年生で「生物と環境（自然界のつり合い・自然環境の調査と環境保全）」「自然の恵みと災害」「自然環境の保全と科学技術の利用」と展開する。

このような学習内容の学年的展開によって，「生物と環境とのかかわり」を，その学習内容の広がりと内容の深まりによって学び，「生命」についての見方や概念を形成していくことをねらいとしているのである。

この分野の学習活動の例として，二見明子（2013）が「学校内の池やビオトープ，学区内の河川や公園の池について調べる。」を挙げている。

「学校内の池やビオトープ，学区内の河川や公園の池について調べる。」
①水のにおいや色，手触りを調べる。
　※諸感覚を使うことで，実感的理解につなげる。
②水中にいる生物を調べる。
　※諸感覚を使うとともに，虫めがね等も使い観察し記録をとる。
③指標生物を手がかりに，汚れの程度を判断する。
　※客観性を図る。
④水質検査（パックテスト）を実施する。
　※客観性を図る。
⑤観察記録や実験データを表に整理したり，グラフに処理したり，関係性を図にまとめたりする。
⑥結果から類推できることを探り，考察する。

第7章　教科と教材研究

表7-2　「理科」の各学年学習内容「学習指導要領」（2008・2009年改訂）より

学年	「エネルギー」「粒子」		「生命」「地球」	
	物理領域	化学領域	生物領域	地学領域
小3	・風やゴムの働き ・光の性質 ・磁石の性質 ・電気の通り道	・物と重さ	・昆虫と植物 ・身近な自然の観察	・太陽と地面の様子
小4	・電気の働き	・空気と水の性質 ・金属，水，空気と温度	・人の体のつくりと運動 ・季節と生物	・天気の様子 ・月と星
小5	・振り子の運動 ・電流の働き	・物の溶け方	・植物の発芽，成長，結実 ・動物の誕生	・流水の働き ・天気の変化
小6	・てこの規則性 ・電気の利用	・燃焼の仕組み ・水溶液の性質	・人の体のつくりと働き ・植物の養分と水の通り道 ・生物と環境	・土地のつくりと変化 ・月と太陽
中1	・力と圧力 ・光と音	・物質のすがた ・水溶液 ・状態変化	・植物の体のつくりと働き ・植物の仲間 ・生物の観察	・火山と地震 ・地層の重なりと過去の様子
中2	・電流 ・電流と磁界	・物質の成り立ち ・化学変化 ・化学変化と物質の質量	・動物の体のつくりと働き ・生物と細胞 ・動物の仲間 ・生物の変遷と進化	・気象観測 ・天気の変化 ・日本の気象
中3	・運動の規則性 ・力学的エネルギー ・エネルギー ・科学技術の発展 ・自然環境の保全と科学技術の利用	・水溶液とイオン ・酸・アルカリとイオン	・生物の成長と殖え方 ・遺伝の規則性と遺伝子 ・生物と環境 ・自然の恵みと災害 ・自然環境の保全と科学技術の利用	・天体の働きと地球の自転・公転 ・太陽系と星

二見はここで,「実生活の改善につながる提言がされることもねらいであるが,科学的な見方や考え方が養われること,自然を愛する心情が養われることも望まれる。」とも述べている。

【音楽の目標・内容と教材例】

一方,「音楽科」は,小学校では,音楽内容が音楽の三要素である「リズム」(低学年),「メロディー」(中学年),「ハーモニー」(高学年)を指導の縦軸に置き,横軸に能動的活動である歌唱・器楽・創作・身体表現(低学年)と,受動的活動である鑑賞をそれぞれ低・中・高学年に分けて編成している。

例えば,器楽の実技では,低学年では「リズム」について主眼が置かれ,打楽器を主に取り上げ,さらに簡単な旋律楽器の鍵盤ハーモニカやオルガン,中学年では「旋律」について主眼が置かれ,旋律楽器としてのリコーダーや鍵盤楽器,高学年は,「ハーモニー」に主眼が置かれ,器楽合奏の学習内容が編成されている。指導に当たっては,身体的発達や精神的発達を考慮し,技術の習得とともに表現の能力を育てていく。

小学校中学年の器楽指導でのリコーダーの学習(中学年)では,楽器の指使いなどや呼吸の観点から,導入段階では,左手の3音だけでメロディーが作りやすい「わらべうた」などの教材が適している。このことは,児童の身近にある楽曲を素材として使用するなどの配慮も加味しての指導といえる。またさらに,3年生から読譜の学習内容が加わることとも考慮して学習展開ができる。

教科の指導においては,教科の指導目的を念頭に置きながら,教科内容の系統性や児童の心身の発達,実態等を把握した上で,発達段階に応じた教材研究と教材開発の是非が問われる。

(澤崎　眞彦)

〈引用文献・参考文献〉

辰野千壽「学習分野と教材」日本教材学会編『教材事典』東京堂出版,2013年,p.36
宮本友弘「教材研究」日本教材学会編『教材事典』東京堂出版,2013年,p.20
長谷川榮「教材研究」日本教材学会編『教材事典』東京堂出版,2013年,p.28
二見明子「教材活用　生物領域(小学校)　身近な自然の観察」日本教材学会編『教材事

第7章　教科と教材研究

　典』東京堂出版，2013年，p.190
小笠原喜康「教材の概念」日本教材学会編『教材事典』東京堂出版，2013年，p.23
日本教材学会編『「教材学」の現状と展望（上巻・下巻）』日本教材学会設立20周年記念
　論文集，2008年
文部科学省『小学校学習指導要領』『中学校学習指導要領』2008年，2009年改訂版

第8章 道徳教育と教材

1 「特別の教科 道徳」の設置

　小学校，中学校における道徳教育は，「特別の教科　道徳」（以下，「道徳科」という。）を要とし，教育活動のあらゆる場と機会を通して，教師と児童生徒（以下，生徒という。）が相互に認め合い，助け合い，励まし合い，協力し合うことにより，その交流の密度を増す過程で，道徳性を培うことを基本とする。もって道徳教育は，生徒が「道徳的価値を大切にする心」を育み，未来に向けて実践的活動をなしていけるようにするための教師の支援であり，また，「道徳科」では，生徒が積極的に仲間との交流を図る過程で，様々な道徳的価値について自己を見つめ，人間としての在り方・生き方についての自覚を深め，道徳性を身に付けていけるよう，多様な教育活動を展開させていくことが重要である。しかし，現代は知識・情報・技術が社会のあらゆる分野で飛躍的にその重要性を増しているポストモダンの時代であるがゆえに，公平公正な判断力が問われ，自然愛護などに向けた実践的活動の基盤となる「生き抜く力」が重要視されるのである。

　1990年代以降，いじめ問題が社会の関心事となるなかで，公共の精神の育成や集団生活の向上には欠かせない規範意識が希薄化する事象が，数多く指摘されだした。経済力と技術力の多寡を評価の判断基準として変貌する社会を憂慮するなかで新教育基本法（2006年12月22日）が制定された。この新教育基本法においても，教育の目的は人格の完成を目指す点にあり，旧教育基本法でいう人格（個人的人格，社会的人格，職業的人格）の陶冶にあることを基本とした。加えて第2条でその教育目的の実現のため，個人の価値の尊重・正義・責任といった道徳的価値と，公共の精神に基づき主体的に社会の形成に参画し，その

発展に寄与する態度，及び生命や自然を大切にし，環境の保全に寄与する態度，伝統と文化を尊重し我が国と郷土を愛するとともに，他国を尊重し，国際社会の平和と発展に寄与する態度を養うことを明記した。

　この基本方針を受けて，教育再生実行会議第一次提言（2013年2月26日）で道徳の「教科化」が方向付けされ，道徳教育の充実に関する懇談会報告（2013年12月26日），続いて中央教育審議会初等中等教育分科会「道徳教育専門部会審議のまとめ」（2014年9月14日），中央教育審議会答申（2014年10月21日）を経て「特別の教科　道徳」となった。そして学習指導要領の一部改正案（2015年3月27日）が告示された。

　ではなぜ「道徳科」なのか，である。それは，中学校学習指導要領「第2章　各教科」（教科担任制をとる中学校にあっては教科免許が必要である。）ではなく，学級担任を主としながらも学級担任が責任をもって学習指導できるように「道徳科」として明確に位置付け，人格の完成を目指すのに必要な道徳的諸価値を真正面から取り上げ，道徳授業の目標と指針を示した結果なのである。

　そのため，「道徳科」における教材については，小・中学校の各段階において共通する内容の連続性を重視し，生徒の自立心や自律性，生命を尊重する態度の育成に必要な公平公正，基本的な生活習慣，規範意識，自然愛護などの人間関係を築くために必要な教材をもって，勤労，公共といった社会参画への意欲や態度，伝統や文化を尊重する態度を，意図的，計画的に学習させていく問題解決型の学習の指導にかかわることが今後は必要になる。

2　道徳教材の開発の視点

　生徒が様々な体験を通して「私」の生き方への自覚を深め，道徳性を開花させていく過程で，教師のかかわり方は重要な役割を果たす。それは，教師と生徒が人間としてのよりよい生き方を求め，共に考え，共に語り合い，その実現に向けて自覚を深めていくに当たり，次の諸点に対するこだわり，すなわち，①道徳授業での発問，②授業形態の工夫（ティーム・ティーチング），③生徒指導とのかかわり，④道徳性評価の資料蓄積，といった教師の力量形成が大切な

ことを意味している。

そのため，自主自立心の養成，規範意識の向上，自尊感情の高揚，学習習慣や基本的な生活習慣の形成に向け，次の点に留意した教材の開発が求められる。

> ①幼稚園・保育園では規範意識の芽生えを培うようにする教材
> ②小学校では生きる上で基盤となる生命尊重・自然愛護・集団生活の向上などの道徳的諸価値の形成の指導を繰り返し行うようにする教材
> ③中学校では思春期の特質を踏まえた実践的活動としてのボランティア活動や個性を見つめさせるアクティブ・ラーニング教材
> ④高等学校では社会の一員としての自己の生き方を探求するなど，人間としての在り方・生き方についての自覚を一層深めるキャリア教材

総じて中学校段階では，基本的な生活習慣の徹底と人間としてなしてはならない行為など，社会生活を営む上での最低限の規範意識，自他の生命の尊重，個性や自信などの自尊感情の養成，他者への思いやりなどの態度を養うなかで，自律的に行動できる「私」の育成にかかわる教材開発が課題となる。

道徳授業は，各教科，特別活動及び総合的な学習の時間での学習と密接な関係を図りながら，多面的なつながりを通して「私」の生き方，すなわち，未来の「私」を見つめ，考え，伸ばすことができるように，道徳的価値を補充，深化，統合していく時間である。それは，将来に出会うであろう様々な場面や状況において，道徳的価値を体現するのに適切な行為を，主体的に選択していく道徳的判断，心情，実践意欲と態度を包括する力を養う時間であることを念頭に，教材開発を行うことが大切である。

3　道徳授業と発問づくり

中学校の道徳授業で主流をなすのは，ストーリーを追い，主人公である（私）の心の動きに焦点を当てた「このとき，私はどう思った，感じた，考えた，判断したのだろう」といった発問や「主人公はどんなことを訴えたいのか，考えてみよう」といった発問である。しかしそれに終始するのではなく，生徒の「行為」にみる「私」と「対象」とを関係付ける「人，物，規則・文化」や，

「自らの内面はイメージとなって外に表出し漂う」とするレフ・ヴィゴツキーの「活動理論」を参考にした発問を通して，問題解決型学習を展開していくことが可能である。「活動理論」の特徴は，「活動には認知の3つの階層が存在する」という点にある。それは，活動≧行為≧操作の3段階と理解することができる。「活動」は長時間をかけてなされるため，その間に多くの「行為」が見え隠れしてくる。「行為」は具体的な目標をもって意図的になされるが，「活動」という文脈の中に位置付けることで，その意味が明らかにされる。つまり，繰り返してなされる行為は無意識に反射的になされるようになり，やがてその特定の「行為」は「操作」としてスムーズになされるようになっていく。

　よって，生徒が持続可能な「活動」となるような発問設定が必要となる。それは単に行為の始末や処理をするのではない。資料のストーリーを追いかけ，忠実に「私」や「相手」の心情を再現させようと発問設定をするのではない。かといって「私」の内面に「私」が入り込み，そこで「もう一人の私」に話しかけ，鏡と向き合うような発問とも異なる。「活動理論」を参考にした発問は，「私から離れて外に漂っている表象・イメージ」や「周囲の人々が共通に思うもの」「私に影響を及ぼす慣習や規則にある先達の思い」とのかかわりの中で，発問づくりを行うのである。

(1) 発問づくり

　発問づくりとは，道徳の読み物資料中にあって主体と客体の内面に向かうものや，内面から湧き出してくるものに共通する心情やイメージについて見つめ，主体，客体，周囲の人々との間を漂流する共通のものを「感識」し，問い掛けをするのである。これがアダム・スミスが創作したコモンセンスである。

　しかし，教科等の授業とは異なり戸惑いながら授業を行う光景も見受けられる。なぜ，そうなるのか。それは，道徳資料「を」教えようとするからであり，また「先生は多分，こんなことを言わせたいのだろう」と思わせる重苦しい発問に由来するからである。生徒の思惑を超えた発問による授業を心掛ければ，もっと自由に，楽しく肩肘張らずに，資料「で」道徳的実践力の向上に資する授業展開が可能となるはずである。道徳授業のねらい，発問づくりを工夫する

ことが何よりも大切である。

(2) 問題解決型授業のねらいづくり

道徳授業では内面化，習慣化，社会化を図ることを重視した「主たる発問（中心発問）」と連動させるねらいづくりが求められる。そのため，次の点に留意するのである（図8-1）。

- **内面化を図る**とは道徳性を養うことであり，自らの胸中を見つめ，考えることによって，将来，出会うであろう様々な場面や状況において，道徳的な判断力，心情，実践意欲と態度といった人間としてよりよく生きていく力，すなわち道徳的実践力を発揮できるようにするという意味である。
- **習慣化，社会化を図る**とは，生徒の生活に即してみると，（明るく　いきいきと　うなずきながら　笑顔で　おはようございます）といった言動ができ，（すごいね　すてきね　ごめんなさい　ごちそうさま　いってらっしゃい　ありがとう　お世話になっています）といったコミュニケーションの習慣が周りの人と円滑にできることである。加えて，ボランティア活動などの社会貢献に関する学習活動を通して社会に出ていくことを意味する。

問題解決型の道徳授業における発問は授業の適否にかかわる。例えば，次のような発問がよく見受けられる。

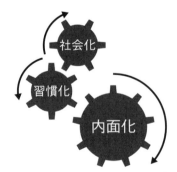

図8-1　内面化，習慣化，社会化の相関図

第8章　道徳教育と教材

- なぜでしょう。この主人公の気持ちを考えてみましょう。　　×
- 資料はここまでです。同じようなことを発表してみよう。　　×
- 主人公は，どうしたらよかったのか。考えてみよう。　　　　×

　以上のような発問づくりでは道徳授業は活性化しない。授業を活性化させるためには，教師と生徒及び生徒間の意見交換が円滑にゆく発問が必要なのである。だからこそ，図8-2に示す「活動理論」は「発問づくり」に有効なのである。

発問A	（私）は（道具　触媒）を通して（対象）をどう思ったのか。
発問B	（私）は（周りの人々）を通して（対象）にどんな思いを抱いたのか。
発問C	（私）は（ルール）を通して（周りの人々）をどう思ったのか。
発問D	（私）は（対象）を通して（ルール）にどんな思いを募らせたか。
発問E	（私）は（対象）とかかわることで仕事をどう理解していったか。

○**対象〈客体〉**は，過去を背負う今の「私」が，そして未来に向かって何かをなす「私」が，何らかの目的・動機をもって働きかけるものであり，道徳資料のどこが「対象」に該当するかを探して，発問を作成することになる。

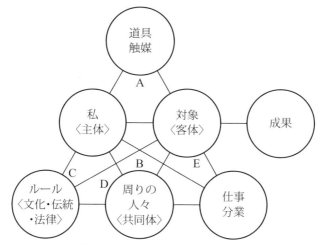

図8-2　レフ・ヴィゴツキーの活動理論を活かした発問A―発問E

○**道具・触媒**は，主体・客体が，一定の状況の下で，イメージする・思う・想像する・形・言葉・記号・アイデア・モデル・観念などの総称のことである。
○〈文化・伝統・法律〉は生活の中に埋め込まれ，生活・社会を統制することである。
○〈共同体〉は，主体を取り巻く仲間・家族などの周囲の人々のことである。
○仕事・分業は，社会・集団の中で期待される役割・機能のこと。参画する・協働する，といった姿勢，共同体と共有する目的・動機のことである。

4 道徳性の評価と生徒指導

　生徒指導を通した道徳性の育成には，「快の感情」の認識が大切なものとなる。なぜなら，快の感情には誠実にかつ思慮深く生きようとする道徳性が潜在するからである。道徳性は，生徒が成長するにつれて，過去を現在につなげることで，現在の自分を誠実に見つめる力（現在完了）となる。また，未来に対して現在の自分を思慮深くしていこうとする力（未来完了）ともなる。「快の感情」はそれらの力を強くする触媒の機能を果たすのである。よって，生活における誠実さと思慮深さの具体例を示し，生徒が自分の言葉で語る場と機会を道徳授業で提供するのである。

　生徒指導ではその入り口として，基本的な生活習慣や社会生活上のルールやモラルにかかわる，道徳的実践の指導を重視する必要がある。特に，暴力行為・器物破損・いじめ・窃盗・授業中の私語・忘れ物・喫煙・シンナーなどの問題行動に対して，その背後にある生活実態の把握に努め，評価することが大切である。一般的に問題行動を起こす生徒は，自らが抱えた問題を教師にぶつけてきているのであり，「あの子さえいなければ授業は，学級はうまくいくのに」といった「腐ったミカン」の論理で生徒を無視したり，別の教師に丸投げしたり，他の機関へ移したりすることでその場を繕うことは，問題の解決を遅らせる結果を招く。よって，教師は生徒の言動に留意するなかで，共に考え，悩みを共有し，夢や希望を語り，感動を共に味わう，という道徳性を養う姿勢が必要となる。

第8章　道徳教育と教材

　しかし，生徒指導をめぐって学校と家庭との信頼関係が壊れるのは，感情的な対立にあることに注目する必要がある。つまり，生徒の行動を問題にするというよりも，学校（教師）の論理と保護者の論理の衝突が生徒指導を難しくしていくのである。中学生になれば保護者と教師の話し合いに加わることも可能であり，そうした機会と場を意図的に設定することも考えてよいのである。今日の生徒指導は，「生徒は個々に自己を伸ばしていく存在である」という自己教育力を信じてなされる傾向にある。しかし生徒指導のねらいは，生徒個々人をよく理解することによって，どこを伸ばし，どこを改善していくのかということにあり，究極において一人一人の生徒に適切な助言を行い，人格形成を図る援助なのである。

　さらに生徒指導のねらいが個々の生徒であるということは，実際の場面では多くの困難を伴うのである。それは一人として同じ存在はいないということであり，すべての生徒の人格もその個性の上に成り立っているからである。そのために，生徒の特徴や傾向をよく知って記録し，記憶に留め，実態を把握するといった生徒理解が欠かせなくなっている。

　中学校における生徒指導は，ルソーが発見した「第二の誕生」を迎えた生徒に対して，体の中から湧き上がる感情をいかに抑制させながら，目指す方向に教導していくかということであり，教師にとって相当の気働きが求められるのである。そのため，次のような「生徒の心情をつかんだ気働きの中身」を考慮していくことを忘れてはならない。

- 生徒理解には生徒と行動を共にし，会話の機会を多くして「共に考える」生徒と教師の人間的接触を図っていく必要がある。
- 教師は生徒のことをステレオタイプで理解することが多いため，行動の背後にある感情そのものを理解しよう努力する。
- 必要なときに必要なだけの援助をすることで自主性を育てる教育を展開する。
- 生徒の行動の変容は教師の接し方しだいであることを肝に銘じる必要がある。

　以上の4点を基盤に，さらに学級経営を以下の3点のように展開すると効果的である。なぜなら，生徒指導は集団での指導が多く，集団の構造や性格の理

解が重要であり，集団の特質を理解することが生徒指導の一部をなすからである。

- 掃除の時間は，授業とは異なり生徒は緊張感から解放されている。このようなときが生徒の心の動きをつかむ好機である。特に言動が乱暴だったり，口数の少ない生徒には教師が胸襟を開いて接していくようにする。
- 休み時間や給食指導のひととき，そして放課後などに教師は努めて生徒に言葉をかけて「小さな出会い」をつくる必要がある。ごく限られた友人との間でしか会話をしない生徒にとっても有意義な時間となるはずである。
- 考えていること，思っていることを何でも書けるノートを生徒につけさせる。そのため教師は忙しくても週に一度は目を通す。評語を書く余裕がなければ，下線を引いたり，印を付けたりすることでよい。内容を簡単に記録しておき会話の際の材料とできるようにする。

> 生徒が教師に期待するものは，教師の専門性だけではない。人間味であり，教師自身の道徳的実践である。

この点が不足すると信頼関係が構築できず，今日的な意味での生徒指導が成立しない。別の表現をするならば，教師が生徒に対して管理・統制的な態度で接するのではなく，生徒とのコミュニケーションを大切にした，ぬくもりのあるガイド的な存在として接するのである。また，些細な事柄であってもその場限りの指導に終わらせずに，常にその生徒及びその生徒の所属する集団の日々の姿と重ね合わせて，人間理解と真相の究明ができるように教師の道徳性を傾注していくのである。

> 人はだれでもほめられたい，認められたいという承認の欲求があり，さらに自分で決めたことをなし，自己実現を図りたいという願いがある。

しかし，何らかの事情でそれらの願いが阻害されたとき，悩みが生まれて，問題行動への芽が伸びてくる。よって教師と生徒が「心に苗木を植え」て「胸中の人」を育てるとき，生徒の成長を願う教師自身も自ずと成長するのである。

【生徒指導場面での相克】

　生徒指導を展開する上で「生徒が楽しく充実した学校生活を送ることができるとき，心身ともに健康で，未来に向かって希望を抱き，意欲的に行動することができる」というような標語を掲げるのを見ることがある。なぜなら，多くの教師は楽しい学校の中身は，①学習内容が分かり，②友達がいて，③自分から進んで取り組む活動があるところだと認識する。だから，学校（教師）は，④生徒一人一人に学習意欲を喚起する分かりやすい授業を提供し，⑤支え合い，助け合い，磨き合える学級経営に心掛け，⑥生徒の個性が生きる活動の工夫を行うことが大切である，と思い込むのである。

　要約すれば，生徒指導とは「生徒にとって勉強が面白く，集団の一員として仲間から認められ，自分の息づかいが分かる」ように支えていくものである，となる。しかし，果たしてこの理解は正しいのであろうか。

　法隆寺や薬師寺修復の際の宮大工であった西岡常一は著書『木に学べ』の中で，「木を知るには土を知れ」と言っている。それは，木の癖を見抜いて，それらを適材適所に使用することが何よりも肝要であり，木の癖は木が育った環境で決まるからだと指摘する。つまり，生徒指導では「明日を生きる」ための「明日備(あすび)」の指導に走ってしまっては現実の指導が疎かになり，さらには，過去とのつながりが見えなくなる，という懸念が生じるのである。生徒指導ではこの「今」の指導，生徒の内面に迫っていく「過去」への指導，また，キャリア教育の視点からの未来への「誘い」の調和が何よりも大切なのである。

5　道徳性評価の蓄積と教材化

　道徳教育と生徒指導は，人間の尊厳という考え方に基づいて一人一人の生徒を常に目的自身として扱うことを基本とする。これは内的価値をもった個々の生徒の自己実現を助ける過程であり，人間性の発達を促す働きかけである。しかし，個人は尊厳のある存在であっても孤立して生活することはできない。現実の個人は常に特定の社会の一員として生活してきたし，今後も社会の一員としての生活が続くのである。この限りにおいて，個人の自己実現は完全に自由

なものではなく，社会的な自己実現である点を忘れてはならない。

学級は生徒にとって意欲的に自分づくり，仲間づくり，社会づくりを行うのに不可欠な土壌をなす。この学級の人間関係・生活環境が悪いと，生徒は安心して個性や能力を十分に開花させ，よさを発揮することができない。

学級担任として，望ましい人間関係を育む教材を開発していくには，道徳性を育成するために必要な発達課題を踏まえた，学級集団の成長の過程を理解することが必要である。それは，学級集団がたどる成長の段階，すなわち，①学級に所属するという意図的な出会いに始まり，②様々な自然発生的な小集団が生まれるなかで，③目的をもった活動を行う集団が形成される過程で，④問題解決を図る集団の必要性が認識され，⑤社会性を育む集団の存在を願う段階である。これらの段階にかかわる指導の中身を教材化することができる。

一方，人間関係においても4つの学びを通して成長する。それは，ア）遊びの中の学び，イ）相手の存在を認め合うようになる学び，ウ）集団生活の向上を図る役割活動を通しての学び，エ）協力し合うことの大切さを生き方に結び付けていく道徳的実践である。

意欲的な学級を，人間関係の充実と学級集団の成長という視点で教材化することは，①学級集団としての凝縮性を高める，②役割意識をもたせる，③学級のモラールを高める，といった点で有効である。道徳教育の蓄積とその教材化を図る視点は次のようになる。

① **学級集団としての凝縮性を高める教材**

生徒にとって，自分たちの学級ではいつでも，何でも気楽に話せるといったコミュニケーションが活発に図られるならば，学級の凝縮性は高いといえる。そのため，学級担任として自分の気持ちを受容してくれる，話し合うことで相手のよさを理解できるようになる，などの話し合い活動の体験を教材化し，生徒指導の実際に活用できればよい。

② **役割意識をもたせる教材**

生徒は，自分の活動が学級の皆や教師に役立っていると実感するとき，この学級にいて「よかった」と感じる。だから，学級担任として生徒の個性と能力

に応じた係り活動や、グループ内での役割が公平に感じられるような内容を教材化していくことが大切である。そして、学級の成員が役割遂行の事実を教材化し認め合うことができれば、次の活動を意欲的に行うエネルギーとなる。

③ 学級のモラールを高める教材

　合唱コンクール、体育祭などで、皆でやり遂げた活動の事実を喜び合い、感情体験を味わうことが、学級のモラールを高めるには大切である。この過程で生徒は学級への所属感を高め、心と心の触れ合いの輪を広げていく体験を積むことができる。よって、学級担任は明るい雰囲気で行う学級活動や、学校・学年行事への積極的なかかわりを体験できる教材の工夫を行う必要がある。

【道徳性評価の蓄積】

　道徳性は人格形成にかかわるものであり、道徳的な判断力・心情・実践意欲と態度、道徳的習慣について、観点を設けて評価することができる。その評価に必要な資料収集と評価の蓄積には次のような取組みが考えられる。

① 観察による蓄積は、毎日の学校生活の中で生徒のあるがままの行動を観察し記録するものである。ここで重要なのは観察を継続し、積み上げていく際、客観性を保持するために、観察の観点（例えば生徒のよさを記録する）を設け、学年・教科の教師と協働し組織的に行えるような配慮が必要である。

② 面接によって生徒と直接、相対して会話することにより、その感じ方や考え方を理解しようとする蓄積である。面接が繰り返されて深まっていけば、生徒の表情、言動、所作等から内面世界を推察することが可能となる。

③ あらかじめ作成した質問や、生徒が直面すると考えられる問題場面での判断や、実践意欲・態度などを通して、道徳性を理解しようとする蓄積である。

④ 道徳ノート・生活ノート・グループ日記・作文などには、生徒の生活体験・思考・意見・夢などの心情が多く綴られており、子どもの内面世界を理解する上で有効な蓄積となる。特に、「恥ずかしい」という表現には生徒の心情が微妙に表現されるため、その言葉が使用された日常生活を推量しやすい。

（吉澤　良保）

〈主要引用・参考文献〉

吉澤良保『生徒理解のための教育的行動学―生徒指導と道徳教育―』日本文教出版,2009年,pp.73-79,157-167

吉澤良保『新訂版 人間理解と道徳教育』日本文教出版,2007年,pp.66-82

吉澤良保「道徳の教科化と評価の問題」『季刊教育法』No185,エイデル社,2015年,pp.17-23

吉澤良保「社会貢献とその基盤となる道徳性を養う,道徳的実践力の育成」全日本中学校長会『中学校』No740,2015年,pp.12-15

第9章　総合的な学習の時間と教材

1　「総合的な学習の時間」と教材
(1)　子どもと学習内容をつくる

　「総合的な学習の時間」には，教科学習のように各学年の学習内容が定められているのではなく，それを各学校において定める。その際の例示として，国際理解，情報，環境，福祉・健康などの横断的・総合的な課題，児童の興味・関心に基づく課題，地域の人々の暮らし，伝統と文化など地域や学校の特色に応じた課題が挙げられている。

　総合的な学習には，教科学習のような教科書がない。このことを，子どもと教師が「たいへんだ！」ととらえるのか，「そうでなくては！」ととらえるのかである。教科書がないので，教材となるものを教師が設定したり，子どもと決めていったりすることができる総合的な学習は，子どもとともに学習内容をつくり出していくものである。つまり，総合的な学習は，「子どもとその学級の教科書をつくっていく学習である」ともいえるのである。「主体的・創造的・協同的，探究，自己の生き方」という子どもの学ぶ姿の実現や，「子どもと教科書をつくる」ということ。このような総合的な学習の性格を考えると，どのような教材を設定するかは，その学習の質を決定する重要な要件なのである。

　現在では，どのような総合的な学習の実践が展開されているのであろう。筆者が実際に参観したり，実践記録を読んだりした実践の概要を以下に挙げる。

① 　小学校3・4年生
・「昔の○○宿」　まち探検で出会った地域の昔のものから，昔が宿場町であったまちの様子を調べて，劇で表現していく。
・「川ミステリィーズ〜謎を追求せよ〜」　地域にある川を調査し，生き物，危

険な箇所，水の汚れ等について，かるたで表現していく。この単元名は，活動内容にマッチするものを，子どもと相談して決めたものである。

② 小学校5・6年生
・「○年○組の大道芸」 子どもからの提案によって，プロからも学び，「お客さんを笑顔にする」ことを目指して，地域で発表していく。
・「赤レンガの学び舎～未来にはばたけ～」 卒業を半年後に控えた子どもたちが，同窓の先輩から学びながら，学校の昔の様子や大事にされてきたもの等について調べ，6年間過ごしてきた学び舎を見つめ直していく。

③ 中学校
・「○○中発 坊ちゃんかぼちゃ」 生徒たちが，栽培してきた坊ちゃんかぼちゃを「もっと地域の人に広めたい」という願いをもち，地域のイベントで販売活動を行う。教科を横断した学習活動が展開され，生徒の真剣な姿が地域の人を巻き込んでいった。

(2) 「総合的な学習の時間」において期待される子どもの姿

次は，現行学習指導要領（小学校・中学校・高等学校）の「総合的な学習の時間の目標」である。

> 横断的・総合的な学習や探究的な学習を通して，自ら課題を見付け，自ら学び，自ら考え，主体的に判断し，よりよく問題を解決する資質や能力を育成するとともに，学び方やものの考え方を身に付け，問題の解決や探究活動に主体的，創造的，協同的に取り組む態度を育て，自己の生き方を考えることができるようにする。

この目標からは，特に，主体的・創造的・協同的，探究，自己の生き方という言葉に注目する必要がある。このような言葉を子どもが学ぶ姿で表してみると，次のようになるのではないか。

子どもが，もの，人，ことと出会って，知りたいことや気になることをもち，その解決の方法を考える。そして，学級の友達や，地域の人とかかわり合い，その力も借りながら問題の解決を進めていく。当初の問いが解決すると，また知りたいことや気になることが生まれてくる。このような過程で，自分と教材

第9章　総合的な学習の時間と教材

とのかかわりについて考えたり，その教材への願いをもったり，自分の今の暮らしを見直したりしていく。

このような姿が，学びが広がり深まっていく姿なのである。そして，このような学びの在り方は，次期学習指導要領の目玉とされている「アクティブ・ラーニング」を具現化するものである。

2　総合的な学習の教材研究

では，どのようにして総合的な学習の教材を開発し，教材研究を進めていけばよいのであろうか。筆者の実践「善光寺坂の神様の木」（東京学芸大学附属竹早小学校3年生，2005年11月～2006年3月実践）をもとにして述べていくことにする。

本章では，教材研究の手順として，以下のことを述べていく。

① 教師の素材との出会い，そこから生まれた驚きや感動
② 素材の子どもにとっての価値の構想
（子どもは，何に心を揺するのか。どんな！や？が生まれるのか）

(1)　「神様の木」との出会い

教育実習生の授業で，まち探検をしていたときのことである。あるグループの子どもたちが騒いでいる声が耳に入ってきた。

「失礼なことをしちゃあだめだよ！」「神様の木だから，祟りがあるよ！」。

その声のする方に行ってみると，一方通行の真ん中に老樹がそびえていた。これまでも噂には聞いていたが，ここにあったのかという発見であった。

興味をもったので早速資料で調べたり，木の近くにある慈眼院の和尚さんに取材したり

図9-1　善光寺坂の椋の木

した。すると、この木にかかわる不思議な言い伝え、歴史、お蕎麦屋さんや樹木医さんの存在が次々と明らかになってきたのである。

「この1本の木にこんな事実があるなんて！」、「こんな人とのつながりがあるとは！」と、筆者もどきどきしたことが思い出される。そして、「この1本の木は、奥行きのある素材だ！ 子どもたちに出会わせたら、どんなことに興味をもつのだろうか？ どんなことを一緒に追究できるのだろう？」と、教材化を進めることにしたのである。

(2) 教材研究──この木の子どもにとっての価値を考える

この1本の木と出会うことで、子どもたちは以下のことに迫っていくであろうと構想した。この段階が、教材研究である。素材と学級の子どもの姿を重ねてみて、素材の子どもにとっての価値を考えるのである。

① この木に宿る澤蔵司（たくぞうす）にまつわる不思議な話を楽しみ、畏れる

この椋の木は、約三百年余の樹齢があると言われており、伝通院の守り神である澤蔵司（たくぞうす）が宿っていると言われている。澤蔵司は、伝通院に学んでいた秀才の僧侶であった。しかし、ある夜和尚の夢枕に立ち、「我は狐の化身である。これからも伝通院の守り神とならん」と告げ、江戸

図9-2 「御穴」はどこに続いているの？

城内の稲荷神社に帰っていったとされている。この伝説から、慈眼院の中に澤蔵司稲荷ができ、江戸城内に続くと言われる「御穴」（おあな）も現存している。そこは薄暗く、かつては狐が出たであろうことが想像できる場所である。

また、子どもたちの声にあった「祟りがある！」ということも言い伝えられている。明治時代の道路拡張の際に、作業員がこの木を切りたがらず、木を切ることを断念したこと。平成のマンション工事の際に、作業員が枝を払おうとしたところ、転落事故が起きたことなどである。このように、この木は、「神様の木だから、切ってはいけない」という畏敬の念から残ってきたという経緯が

ある。

　子どもたちは，1学期の伝通院探検の学習経験をもとにして「ちょっと怖いな」「不思議な話だけど，本当にそうだったのではないか」と，昔の竹早のまちを思い描き，三百年余も生き続けている木に，畏敬の念を感じていくのではないか。

② 蕎麦を届け続けているお蕎麦屋さんの思いに迫る

　澤蔵司は，伝通院門前の蕎麦屋によく通っていた。そして，澤蔵司が来た日には，銭箱の中に木の葉が混じっていた。不思議に思った店の主人が澤蔵司の後をつけたところ，狐の神様の化身であることが分かり，それ以来澤蔵司稲荷に蕎麦を供えることにしたという。現在でも，お供えは続いており，一番にゆでたお蕎麦（初ゆで）を澤蔵司稲荷に届け，それからお店をオープンするのである。午前11時30分頃，お店の主人が本堂に届けに来る。

図9-3　蕎麦の奉納を続けるお蕎麦屋さん

　時代が移り，店の場所が変わり，主人が変わっても，約三百年にわたって続けられていること，現在のご主人の「毎日お蕎麦を届けることは，毎日歯を磨いたり，ご飯を食べたりするような日常のことになっている」という言葉に，子どもたちは驚き，感動するのではないか。ここでは，店の繁盛を願い，古いものへの畏敬の念を抱き，代々引き継がれてきたことを続けていこうとしている人の思いに出会うことになるであろう。

③ 木の保護にかかわっている文京区の働きと出会い，木が1本あることの意味を考える

　昭和の末には，この木の周りは両方とも道

図9-4　昭和末頃の椋の木の様子

路であり，ガードレールで囲まれていた。平成になり，この木をシンボルツリーとして，まちの人が憩える場にしようと考え，歩道やベンチを整備したのが文京区である。現在でも，土壌の改良，木を支えるワイヤーの張り替え，剪定等を進めている。また，この木を見つめてきた文京区の職員の方（樹木医でもある）から，木の保護にかかわる様々な働きや問題点を聞き取ることもできる。その方の「木が1本あることで，その下の土の中には小宇宙が存在する。そこにも，三百年もの間，世代交代がされてきているのだ」という話を聞いて，子どもたちはどのようなことを感じるのであろうか。

　子どもたちは，1本の木を支えている行政の働きに目をひらくとともに，古いものが生き続けていることの素晴らしさや，木が1本存在することの意味へと想像を働かせ，1本1本の木を大切にしていきたいという思いをもつことであろう。

④　この木が見てきた竹早のまちの歴史をとらえ，将来への願いをもつ

　江戸時代には，伝通院の守り神の宿る木。明治時代には，道路拡張のために伐採されかかった木。大正の関東大震災のときには，「あの木の下であれば大丈夫だ！」と，まちの人々が避難した木。昭和には，空襲で焼かれた木。平成になり，ベンチが設置され，道路も片側になり，文京

図9-5　樹木医さんと椋の木の下で活動する

区が保護するようになった木。そして，これから先のこの木は……。

　子どもたちは，この木をめぐって竹早のまちの歴史をとらえ，その歴史を見守ってきたこの木に愛着を感じ，「竹早のまちに，もっともっと生き続けてほしい」という願いをもつことであろう。

　このように，教師がこの木について資料で調べたり，「このことは，この人に

聞いてみたい！」と動いたりして，素材についての研究を進めていく。まさに，教師自身も，総合的な学習の目標にある，「主体的・創造的・協同的な学び，探究，自己の生き方を考える」を進めているのである。その際に，「子どもたちは，この木のどんなことを知りたいと言うのだろうか？」「お蕎麦屋さんの毎日のお供えを，子どもたちはどう思うのだろうか？」「樹木医さんのこのお話について，子どもたちはどんなことを返すのだろうか？」「あの子は，きっと不思議なことに心を寄せるのではないだろうか？」などと，子どもの姿や表情を思い描いてわくわくする。これが，教材研究なのである。

3　総合的な学習の教材活用

では，子どもたちが「善光寺坂の神様の木」という教材の価値を引き出していくために，どのような配慮が必要であろうか。本章では，この教材をよりよく活用するために必要なこととして，以下のことを述べていく。

---
① 学習展開上の留意事項（子どもの実態とこの教材を重ねての配慮事項）
② 単元の目標の設定
③ 単元の指導計画の作成（学習の入口から出口までのストーリーを描く。）

（1）学習展開上の留意事項

第2節では，この教材を通して子どもたちが迫っていく価値について構想した。一方で，小学3年生の子どもたちがこの学習を進める際に出会う難しさを想定し，それを乗り超えていく手だても，準備しておく必要がある。

それは，まず，人から語られる言葉の難解さである。子どもたちは，知りたいことを解決するために，地域の人や専門家に問いかけて引き出していくことになる。しかし，そこで語られる言葉や内容が子どもにとって難しいことが予想されるのである。そこで，澤蔵司稲荷の和尚さん，お蕎麦屋さんのご主人，樹木医さんに，子どもの問いと予想について事前にお知らせする。そして，お話を聞く際には，子どもたちの表情をとらえて，難しそうな言葉については教師が問いかけをして，再度説明していただいたり，教師が補足説明を加えたり

する。

　もう1つは，事実と時代の流れである。小3の子どもにとって，江戸，明治，大正，昭和という言葉は耳にしたことはあるようであるが，事実と時代との結びつきや，事実の順序が混乱することが予想される。そこで，事実と時代の流れについては，年表を作成して整理することによって，どの子どももしっかりと事実をとらえられるようにする。

　本単元の学習活動は，フィールドワークが中心となる。このような「フィールドワーク」すなわち，「フィールドでワークする」ことが，子どもたちにとっても，お話をしてくださる人にとっても有意義な場となるように，教室での授業とフィールドワークとの間で，またフィールドワークの場で，教師がどのように動き，支えるのかが問われるのである。

　以下に，このほかのものも含めて，展開上の留意事項を整理する。

① 「分からない！　不思議？」「だから，また聞きに行きたい！」というように，子どもの「知りたい，明らかにしたい」を核にして展開する。

② 「焼かれて熱かっただろうなあ」「そして，切られたときは，痛かっただろうなあ」「現在は，居心地がよいのだろうか」などのように，小3の子どもがこの木に思いを寄せた言葉に注目していく。

③ 「神様の木に語らせる」という学習活動によって，一人一人の子どもが単元の入口と出口でどのように変化していくのかをとらえる。

④ この学習と他教科・領域の内容との関連性を図り，単元の指導計画に位置付ける。本単元では，狐と人とのかかわりをテーマにした物語を読む活動を国語科の学習に位置付け，「善光寺坂の神様の木」の学習と国語科の学習が共に豊かになることを期待する。

⑤ 地域の人や専門家から話を聞く際には，事前に子どもたちの聞きたいことと，返ってくる答えの予想を送付するとともに，中心に語っていただきたいことについて電話や電子メールで確認する。

⑥ 年表を作成し，江戸，明治，大正，昭和，平成という時代の中に事実を位置付ける。

第9章 総合的な学習の時間と教材

このようにして，この教材を活用して子どもと学習を進めていくイメージが，次第に具体的になってくるのである。

(2) 単元の目標の設定

単元の目標は，次のように設定した。

善光寺坂の椋の木に伝わる話について調べることを通して，竹早のまちの昔についてさらに知る。また，竹早のまちに残る古いものを大切にしていこうとする人々の思いや区の働きについて知り，この木のこれまでとこれからについて考える。

＜小学校学習指導要領との関連＞

「1998年版小学校学習指導要領 社会科3・4年 内容 (5)」のイに関連する。

> (5) 地域の人々の生活について，次のことを見学，調査したり年表にまとめたりして調べ，人々の生活の変化や人々の願い，地域の人々の生活の向上に尽くした先人の働きや苦心を考えるようにする。
> 　イ　地域に残る文化財や年中行事

(3) 単元の指導計画の作成

この教材を活用して，子どもとともにどのように学習を進めていくのか。単元の入口はどのようにするか。中では，どのような「知りたいこと」が生まれ，どのような追究が予想されるのか。そして，出口では，どのような活動を行い，子どもたちのどんな声を期待するのか。このように，子どもとの学びのストーリーを描くことが，単元の指導計画の作成である。

単元の入口は，神様の木を写生することである。よく観ることで知りたいことを引き出すことを意図した。そして，出された問いを，澤蔵司稲荷の和尚さん，お蕎麦屋さんのご主人に問いかけて解決していく。また，昭和末頃の木の写真と現在の木の様子を比べ，知りたいことを引き出し，その解決を樹木医さんとの出会いで支えていく。出口は，一人一人の子どもが，この木と話をしたり，手紙を書いたりして，学んだことを総合していく。このような学びのストーリーを描いた。もちろん，総合的な学習であるから，子どもたちの求めに

応じて，計画を修正していくことも想定している。

総合的な学習の教材の活用に当たっては，以下のことを大切にしたい。

「善光寺坂の神様の木」指導計画の概要（16＋α時間）→実際（24＋α時間）に修正
＜入口＞
○神様の木を写生しよう。
○神様の木に聞いてみたいことを考え，木から返ってくる答えを予想しよう。
＜中＞
○知りたいことを，澤蔵司稲荷の和尚さん，お蕎麦屋さんのご主人に問いかけて，解決しよう。
○昭和末ごろと，現在の木の様子を比べて，神様の木に聞いてみたいことを考え，木から返ってくる答えを予想しよう。
○知りたいことを，樹木医さんに問いかけて，解決しよう。
＜出口＞
○これまでの学習を振り返って，神様の木と話したり，手紙を書いたりしよう。

---

① 子どもが「知りたい，明らかにしたい」という気持ちをもつこと。
② ①の気持ちを引き出し，それを表現できるような学習活動を工夫すること。
③ 地域の人や専門家から学ぶ際に，子どもが問いかけ引き出すような活動にすること。また，ゲストティーチャーと事前によく打ち合わせをすること。

---

4 子どもが引き出した価値の評価

実際に子どもたちは，この教材からどのような価値を引き出していったのであろうか。子どもの姿から，事前の教材研究を評価してみることは，大切なことである。

本実践においては，大きく次の3つに整理することができた。木の生命にかかわること，お蕎麦屋さんの仕事と仕事への思いにかかわること，不思議なことである。この中から，お蕎麦屋さんの仕事と仕事への思いにかかわることに

第9章　総合的な学習の時間と教材

図9-6　空襲で焼けて, 真っ黒こげになったなんて！

ついて述べる。

> 「300年間も, お蕎麦屋さんが毎朝初ゆでのお蕎麦を, 澤蔵司稲荷に届け続けていることへの予想」ぼくは, わざわざお客さんに出す前になぜはこんでくるのかなと思いました。なぜかというと, へい店してからでもいいのにと思っているからです。でもおばあちゃんの家にぶつだんがあるんだけど, みんなで食べる前におそなえするから, ぶつだんとかんけいあるんでは？
> （11/11さとる君のノート）

さとる君は,「なぜ, わざわざめんどうなことをするんだろう？」「木の葉のお金でよかったのか？」と言いながらも, 仏壇へのお供えという日常の行為に立ち止まっている。つまり, 合理性・利益のこととともに, 心のことについても考えているのである。

このようなさとる君の問いと考えを引き出したものは, 図9-7のみおさんの作品であった。この作品に出会ったさとる君は,「なんで, わざわざめんどうなことするんだろう？」とつぶやき, お蕎麦屋さんの行為の意味について仲間と

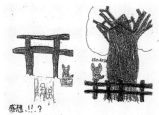

図9-7　お稲荷さまは, お蕎麦のお供えを, どう思っているの？

121

考えを出し合うなかで，上のノート記述にある考えに至っていった。

> 感想！！？
> 　私は，神様の木（椋の木）の神様がたくぞうすだったとは知りませんでした。おそばやさんが毎日はつゆでのおそばを持って来て，おいなり様におそなえをするなんて。おいなり様は，この事を見て，どう思っているのかな。もしかしたら「こんなおもてなしをしなくてもいいのに……」と思っているかもしれません。
> 　　　　　　　　　　　　　　　　　　　　　　（11/8　みおさんの作品より）

つまり，このみおさんの作品が，さとる君と仲間にとっての教材になったのである。「善光寺坂の神様の木」を巡って生まれた仲間の作品が，子どもたちが向き合い考え合う教材になる。このような子どもの作品の教材性を教師が見とり，活用していくことも求められているのである。

総合的な学習の醍醐味は，何といっても，教師が開発した教材を設定したり，子どもと相談して題材を決定したりして，その内容を子どもとともにつくっていくことにある。

　　　　　　　　　　　　　　　　　　　　　　　　　　　　（櫻井　眞治）

〈参考文献〉
朝日新聞AERA「東京・小石川祟りの樹」朝日新聞社，2003年7月28日
文京区教育委員会文京ふるさと歴史館『文京の歴史物語』1998年
読売新聞「戦災の傷耐え300年」読売新聞社，2001年9月13日

第10章　特別活動と教材

1　特別活動とは
(1)　学指導要領と特別活動

特別活動と教材について考察を深めるために，まずは特別活動について理解しなければならない。特別活動とは，小学校から高等学校までの教育課程を構成する領域の1つである。教育課程は学習指導要領によって示されている。学習指導要領とは『小学校学習指導要領』（文部科学省 2008a），『中学校学習指導要領』（文部科学省 2008b），『高等学校学習指導要領』（文部科学省 2009a）等のことである。学習指導要領には特別活動の目標や内容などが示されている。

特別活動の目標は，「望ましい集団活動を通して，心身の調和のとれた発達と個性の伸長を図り，集団や社会の一員としてよりよい生活や人間関係を築こうとする自主的，実践的な態度を育てるとともに，人間としての在り方生き方についての自覚を深め，自己を生かす能力を養う。」（文部科学省 2009a：353）とされている。特別活動を構成する各活動・学校行事は次のように図示できる。

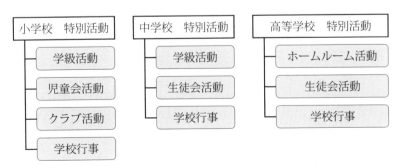

図10-1　特別活動を構成する各活動・学校行事

（2） 指導要録と特別活動

　特別活動の目標を達成させるためには，教材が効果的に活用されなければならない。その際，教材が効果的に活用されたかどうかを知る手がかりとして，指導要録による評価の観点や主旨を活用できる。指導要録とは，学校教育法施行規則（第12条の3）により校長が作成する児童等の学習及び健康の状況の記録書類である。具体的には「小学校児童指導要録」「中学校生徒指導要録」「高等学校生徒指導要録」などのことである。小学校や中学校の指導要録による特別活動の評価の観点を図示すると次のようになる。

図10-2　指導要録による評価の観点

　指導要録を根拠にすると，特別活動における教授・学習の素材としての教材は，「関心・意欲・態度」に影響を与える教材，「思考・判断・実践」に影響を与える教材，「知識・理解」に影響を与える教材に区分できる。本章では，21世紀型の教育を検討しているアメリカのカリキュラム・リデザイン・センター（Center for Curriculum Redesign，以下CCRと略記）が提唱する枠組みに当てはめて，それぞれを次のように呼んでみたい。それは，キャラクター教材，スキル教材，知識教材である。なお，CCRは，21世紀の教育のためのカリキュラム・デザインとして，どのように省察して学ぶかというメタ認知を意識しつつ，人間性や人格に当たるキャラクター（Character），スキル（Skills），知識（Knowledge）といった概念からカリキュラム・デザインを提案している（CCR 2015：ii）。教材学の更なる発展のためにこのカリキュラム・デザインの概念を教材学に適応した。

2 学級活動・ホームルーム活動と教材
(1) 学級活動と教材

　学級活動は，小学校と中学校で実施される特別活動の内容である。小学校第1学年は年間34単位時間，小学校第2学年から中学校第3学年までは年間35単位時間実施される。なお，この授業時間に加えて，学校給食にかかわる学級活動も実施される。学級活動は，各教科と異なり教科書がなく，教材の概念や教材選択について特徴がある。教材には「教科用図書」，「教科用図書以外の図書」，「その他の教材」の3種類がある（日本教材学会 2008：351）。この3種類の教材のうち，「その他の教材」を活用すると特別活動の教材の概念を説明できる。特別活動では，図書ではなく活動そのものが教材となっている。筆者は特別活動の教材を「活動パッケージ型教材」と呼んでいる。そして，学級活動についても，集団活動を通して「活動パッケージ型教材」を活用してCCRのキャラクター，スキル，知識の教育のうち，キャラクターとスキルに重点を置いて教育活動が展開しているとみられる。

　学級活動は小学校でも中学校でも「話合い活動」によるアクティブ・ラーニング（主体的・協同的な学び）が展開されている。ここでの「話合い活動」が「活動パッケージ型教材」の例であり，アクティブ・ラーニングが教育方法である。なお，ここでのアクティブ・ラーニングとは，児童生徒の能動的な教育活動への参加を取り入れた教育方法を意味している。

　「話合い活動」については，遠藤忠が1910年代以降の茨城県女子師範学校附属小学校の実践，千葉師範学校附属小学校の実践，奈良女子高等師範学校附属小学校の実践などを事例として成立の経緯を明らかにしている（林編 2012：27-31）。そこで遠藤は「クラス替えなしの持ち上がり担任」のシステムが学級会を生成させたと結論付けている。ここから分かるように，「話合い活動」という「活動パッケージ型教材」は，少なくとも100年ほどの歴史をもつ伝統的な教材の1つであるとみなすことができる。

(2) ホームルーム活動と教材

　ホームルーム活動は，高等学校で実施されている特別活動の内容である。

表10-1 ホームルーム活動の内容，教材，評価の観点の対応例

内容	特徴的な教材	CCRの観点	指導要録の観点
(1) ホームルームや学校の生活づくり	「その他の教材」(「活動パッケージ型教材」)	スキル (Skills)	思考・判断・実践
(2) 適応と成長及び健康安全	「その他の教材」(「活動パッケージ型教材」)	キャラクター (Character)	関心・意欲・態度
(3) 学業と進路	教科用図書以外の図書（進学等に関する資料）	知識 (Knowledge)	知識・理解

　ホームルーム活動は，①望ましい人間関係の形成，②ホームルームや学校におけるよりよい生活づくり，③自主的，実践的な態度の育成などを目標とする教育活動で，年間35単位時間以上実施される。生徒にこれらの人間関係，生活づくり，自主的，実践的な態度などを身に付けさせるために，大きく3つの内容で実施されている。それは，(1) ホームルームや学校の生活づくり，(2) 適応と成長及び健康安全，(3) 学業と進路である。内容別に特徴的な教材の例，21世紀教育の資質・能力についてのCCRの観点，指導要録の観点の対応例を作成した（**表10-1**）。

　諸問題の解決や組織づくりなどを行う「(1) ホームルームや学校の生活づくり」と，青年期の悩みの解決や自他理解などを行う「(2) 適応と成長及び健康安全」では，グループに分かれての「話合い活動」のような「活動パッケージ型教材」を活用することが適している。そして，キャラクターやスキルについての教育が十分に実施でき，関心・意欲・態度や思考・判断・実践の観点から評価が可能である。それに対して，「(3) 学業と進路」についても集団活動を通すことが前提とはなるが，進学等に関する資料なども活用して，学業や進路についての知識を深めることができ，知識・理解の観点から評価ができる。

3 児童会活動・生徒会活動と教材

(1) 児童会活動と教材

　特別活動の内容の1つである児童会活動は，小学校でのみ実施されている教育活動である。学習指導の一部ではあるものの，学級活動と異なり，各学年で標準となる授業時数があるわけではなく，「それらの内容に応じ，年間，学期ごと，月ごとなどに適切な授業時数を充てる」（文部科学省 2008a：15）とされている。児童会活動の目標は①望ましい人間関係の形成，②学校づくりへの参画，③自主的，実践的な態度の育成などである。この目標達成のために，全児童による生徒会を組織し，次の3つの内容を指導している。①児童会の計画や運営，②異年齢集団による交流，③学校行事への協力である。それぞれの内容について，教材との関係を考察してみよう。

　まず，①児童会の計画や運営の具体的な「活動パッケージ型教材」としては，「代表委員会活動」や「委員会活動」などがある。次に，②異年齢集団による交流としては，「全校児童集会」などがある。最後に，③学校行事への協力としては，「学芸会への協力」や「運動会への協力」などがある。まとめると**表10-2**のようになる。それぞれに，CCRの資質・能力の観点では，キャラクター教育の効果が期待でき，指導要録の観点では関心・意欲・態度や思考・判断・実践について効果が期待できる。

(2) 生徒会活動と教材

　小学校で児童会活動が実施されているように，中学校と高等学校では生徒会

表10-2　児童会活動の「活動パッケージ型教材」の例

内　容	「活動パッケージ型教材」の例
児童会の計画や運営	代表委員会活動，委員会活動，児童会集会活動など
異年齢集団による交流	全校児童集会，異年齢集団活動として行う話合い活動，各委員会からのお願い・報告・発表など
学校行事への協力	学芸会への協力，運動会への協力，学年を超えて行う遠足や集団宿泊活動への協力など

活動が実施される。児童会活動も生徒会活動も目標がほぼ共通する。そのため，内容も同様と考えられやすい。しかし，小学校の内容が3項目，中学校と高等学校の内容がそれぞれ5項目と，項目数は大きく異なっている。共通する項目は①計画や運営，②異年齢集団による交流，③学校行事への協力である。中学校と高等学校で新たに追加されている内容は，①生徒の諸活動についての連絡調整，②ボランティア活動などの社会参加（高等学校は社会参画）である。ここでは，連絡調整の内容と，社会参加・社会参画の内容を行うための教材を中心として検討してみよう。

連絡調整の具体的な内容については，「生徒会の行事とのかかわりにおける各ホームルームとの連絡調整，放課後等に行われる生徒の自発的，自治的な活動としての部活動などの年間を通した活動の計画の調整，利用する施設設備，活動の時間などの調整，予算の編成など」（文部科学省 2009b：48）が指摘されている。また，ボランティア活動による社会参加・社会参画の内容については，「地域の福祉施設や社会教育施設等での様々なボランティア活動，また，有意義な社会的活動への参画・協力（地域の文化・スポーツ行事，防災や交通安全，国際交流など），さらに，学校間の交流，幼児，高齢者，障害のある人々などとの交流及び共同学習」（文部科学省 2009b：48-9）が指摘されている。

上記の具体例から「活動パッケージ型教材」を提案すると，連絡調整用については，「生徒会行事とホームルーム活動の連絡調整活動」「部活動の連絡調整活動」の2タイプと「その他」に区分できる。そして社会参加・社会参画用は，「福祉施設での活動」「社会教育施設での活動」「地域の文化・スポーツ行事」「防災や交通安全」「国際交流」「学校間交流」「幼児との交流」「高齢者との交流」「障害のある人々との交流」の9タイプと「その他」に分けられる。

これらの教材でも，キャラクターやスキルに関する能力が重視されるとともに，思考・判断・実践を中心した評価が妥当であろう。

4 クラブ活動・部活動と教材

(1) クラブ活動と教材

　クラブ活動は，小学校のみで教育課程に含まれる。クラブ活動は特別活動を構成する学習の1つである。『小学校学習指導要領』（文部科学省　2008a：113）に規定され，主として第4学年以上の学年で実施される。クラブ活動は学習指導の対象であるため，目標と内容をもつ。目標は人間関係の形成，自主的・実践的な態度の育成などである。内容は①クラブの計画や運営，②クラブを楽しむ活動，③クラブの成果の発表の3つである。共に児童のアクティブ・ラーニング（主体的・協同的な学び）を中心として展開されており，キャラクターやスキルについての能力を重視した「活動パッケージ型教材」である。

　クラブの計画や運営では，「話合い活動」が教材となるため，教師は「話合い活動」の手順について検討しておくとよい。クラブを楽しむ活動ではそれぞれの学年が共に楽しめるように「縦割グループ活動」などについて検討しておくとよい。クラブの成果の発表では，年度末などに「クラブ発表会」などの表現型の活動を用意するとよい。共に，目標・内容・教材を意識した教師の適切な指導と関心・意欲・態度などの観点から成果を見取ろうとする意識が必要である。図示すると次のようになる。

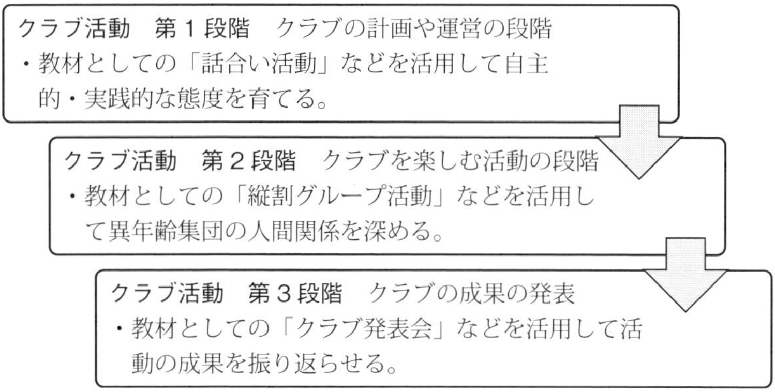

```
クラブ活動　第1段階　クラブの計画や運営の段階
・教材としての「話合い活動」などを活用して自主
　的・実践的な態度を育てる。

クラブ活動　第2段階　クラブを楽しむ活動の段階
・教材としての「縦割グループ活動」などを活用し
　て異年齢集団の人間関係を深める。

クラブ活動　第3段階　クラブの成果の発表
・教材としての「クラブ発表会」などを活用して活
　動の成果を振り返らせる。
```

図10-3　クラブ活動の「活動パッケージ型教材」

(2) 部活動と教材

　部活動は，主として中学校と高等学校で実施される課外活動である。教育課程に含まれないため，全国共通の目標や内容は規定されていない。しかし，学校で教師が実施する教育活動には含まれ，生徒への適切な指導が必要となる。指導の根拠にできるのは，先述した小学校のクラブ活動である。部活動は，クラブ活動に準じて，人間関係の形成，自主的・実践的な態度の育成などを意識したキャラクター教育としての特徴がある。適切な指導ができるように，教材学を基盤とした「活動パッケージ型教材」を導入できる。

　部活動には様々な種類があるが，運動部と文化部という区分が一般的である。文部科学省では運動部を「運動部活動」と呼んでおり，その意義を「運動部活動は，学校教育活動の一環として，スポーツに興味と関心をもつ同好の児童生徒が，教員等の指導の下に，自発的・自主的にスポーツを行うものであり，より高い水準の技能や記録に挑戦する中で，スポーツの楽しさや喜びを味わい，学校生活に豊かさをもたらす意義を有している。」（文部科学省 1998 運動部活動の意義，para.1）と説明している。教育活動の一環，教員等の指導の下に実施すること，自発的・自主的に行うこと，楽しさや喜びを味わうこと，学校生活の豊かさなどは，現在でも重視されている意義である。

　生徒集団が自発的・自主的に行うためには，小学校クラブ活動の「話合い活動」などの教材が活用できる。上級生だけではなく下級生も楽しさや喜びを味わうためには小学校クラブ活動の「縦割グループ活動」などの教材が活用できる。部活動が学校生活の豊かさをもたらすことを実感させるには試合等での成果を認めてもらえるような場面が必要であり，小学校クラブ活動の「クラブ発表会」などの教材が活用できる。

　運動部を中心にして検討を進めてきたが，部活動に教材概念を導入して一層の充実を図る方法は文化部についても援用できる。部活動も教師が指導する学校での教育活動のため，教育の素材である教材の検討は欠かせない。部活動は教育課程外の活動ではあるが学校教育の一環であり，学習指導に準じて「活動パッケージ型教材」を活用して教育効果を高めていけるとよい。

5 学校行事と教材

(1) 儀式的行事と教材

特別活動には学校行事が含まれ，学校行事には 5 種類の内容がある。それは，①儀式的行事，②文化的行事，③健康安全・体育的行事，④遠足（中・高は旅行）・集団宿泊的行事，⑤勤労生産・奉仕的行事である。その 1 つである儀式的行事には，「入学式」や「卒業式」などがある。学校行事にも，人間関係の形成，所属感・連帯感の深化，公共の精神の涵養，自主的・実践的態度の育成といった目標がある。その目標達成のため，儀式的行事では「入学式」や「卒業式」などがキャラクターやスキルなどの能力を高める「活動パッケージ型教材」として活用されているといえる。

(2) 文化的行事と教材

文化的行事については，「学芸会」「文化祭」「音楽会」「展覧会」などの表現活動（スキル教育）を中心とした「活動パッケージ型教材」と，「音楽鑑賞会」「映画鑑賞会」「演劇鑑賞会」などの鑑賞活動（キャラクター教育）を中心とした「活動パッケージ型教材」に分けることができる。ともに，文化や芸術に対する児童生徒の関心・意欲・態度などを高められるように留意して教材を活用するとよい。

(3) 健康安全・体育的行事と教材

健康安全・体育的行事については，「健康診断」「疾病予防」「薬物乱用防止指導」などの健康についての知識を中心とした「活動パッケージ型教材」，「避難訓練」「防災訓練」「交通安全指導」などの安全のスキルを中心とした「活動パッケージ型教材」，「運動会」「体育祭」「球技大会」などのキャラクター教育の一環としての「活動パッケージ型教材」の 3 種類に区分することができる。

(4) 遠足（旅行）・集団宿泊的行事と教材

学校行事の中ではこの行事のみ，小学校と中学校・高等学校で名称が異なる。小学校では「遠足・集団宿泊的行事」と呼び，中学校と高等学校では「旅行・集団宿泊的行事」と呼ぶ。これらは教材学の観点から 2 種類に区分できる。1つは，「遠足」「修学旅行」など見聞を広めることを中心とした「活動パッケー

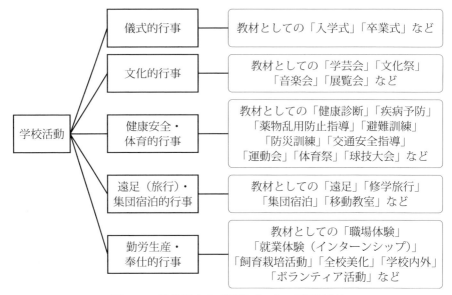

図10-4　学校行事の「活動パッケージ型教材」

ジ型教材」，もう一つは，「集団宿泊」「移動教室」など集団生活の在り方への洞察を深めさせる「活動パッケージ型教材」である。CCRの資質・能力の区分では前者が知識を中心とした資質・能力，後者がキャラクターを中心とした資質・能力である。

(5) 勤労生産・奉仕的行事と教材

勤労生産・奉仕的行事の「活動パッケージ教材」は次の3種類に区分できる。1つ目が「職場体験」「就業体験（インターンシップ）」などの勤労を中心とした「活動パッケージ型教材」，2つ目が「飼育栽培活動」などの生産活動を中心とした「活動パッケージ型教材」，3つ目が「全校美化」「学校内外」「ボランティア活動」などの奉仕を中心とした「活動パッケージ型教材」である。

6　まとめ

特別活動は，学級活動，ホームルーム活動，児童会活動，生徒会活動，クラブ活動，学校行事という多様な内容で構成された学習活動である。本章では教

材学の視点から,それぞれの内容について検討を深めてきた。

　また,これまでに筆者は,学習指導要領や学習論の変遷と対応させて特別活動の教材の特徴について提案してきた(日本教材学会 2013：504)。本章ではこれまでの特別活動の教材変遷を踏まえて,CCRの21世紀教育の資質・能力,OECDのキー・コンピテンシーの再定義,学習指導要領の改訂などに留意して「活動パッケージ型教材」という概念を創出できた。次期学習指導要領において教育課程全体で重視されるアクティブ・ラーニング(主体的・協同的な学び)を推進するためにも,本章で提案した「活動パッケージ型教材」という概念を効果的に活用して,特別活動が教育課程全体で行うカリキュラム・マネジメントの基盤としての役割を果たすことが期待される。

　指導要録の特別活動の評価の観点では,関心・意欲・態度や思考・判断・実践が,CCRの21世紀教育の資質・能力ではキャラクターやスキルが特別活動の指導で中心となる。そのため,特別活動で活用する「活動パッケージ型教材」は,キャラクター教育やスキル教育の側面からの教材開発を検討するとよい。

　小学校,中学校,高等学校での学習指導の目標と内容は,学習指導要領による公的な規準がある。一方で,児童生徒の実態を把握している教師は教材の開発,選定,運用などのプロフェッショナルである。そのため,特別活動の実施に当たり教材学の視点を常に意識して,「活動パッケージ型教材」の概念を指導に活かしていただきたい。教育を成功に導くには,教師による教育方法とともに教育の素材である教材の開発,選定,運用が必要不可欠な要素となるためである。

　本章を通して,特別活動における教材研究のさらなる推進とともに,特別活動の実施に際しての「活動パッケージ型教材」の活用を期待する。「活動パッケージ型教材」の開発などの研究については,今後の課題としたい。

（林　尚示）

〈参考文献〉

Bialik, Maya. Michael Bogan, Charles Fadel and Michaela Horvathova, 2015, "Character

Education for the 21st Century：What Should Students Learn?," 2015, Center for Curriculum Redesign（Retrieved August 6, 2015, http://curriculumredesign.org/wp-content/uploads/CCR-CharacterEducation_FINAL_27Feb2015.pdf）
日本教材学会『教材事典―教材研究の理論と実践―』 東京堂出版，2013年
日本教材学会『日本教材学会設立20周年記念論文集『教材学』現状と展望（上巻）』 協同出版，2008年
林尚示編『教職シリーズ5 特別活動』 培風館，2012年
文部科学省『小学校学習指導要領』 2008年a
文部科学省『中学校学習指導要領』 2008年b
文部科学省『高等学校学習指導要領』 2009年a
文部科学省『高等学校学習指導要領解説特別活動編』 2009年b
文部科学省「我が国の文教施策」1998年，文部科学省ホームページ，2015年8月7日取得，http://www.mext.go.jp/b_menu/hakusho/html/hpad199801/hpad199801_2_051.html

第11章 特別支援教育と教材

1 特別支援教育における教材・教具の動向

① 「特殊教育」から「特別支援教育」への対応

　視覚障害，聴覚障害，知的障害，肢体不自由，病弱身体虚弱，言語障害の幼児児童生徒を対象として，特別支援学校や小・中学校の特別支援学級，通級指導教室において，これまで「特殊教育」と呼ばれた教育が行われてきた。2007年（平成19年）4月から，「特別支援教育」が学校教育法に位置付けられ，このことによって，すべての学校において，障害のある幼児児童生徒の支援をさらに充実していくこととなった。特殊教育で対象であった障害に加えて，幼稚園，小学校，中学校，高等学校の通常学級に在籍する発達障害を中心とした児童生徒に対して，将来の自立や社会参加に向けて，一人一人の教育的ニーズを把握して，生活や学習上の困難を改善または克服する指導が行われている。

　特別支援学校の義務教育が始まる以前から，障害のある子どもや成人に向けて，多くの障害者施設の中で，教材や教具を活用した教育が施されてきた。その後，盲学校・聾学校は昭和23年から，養護学校（知的障害，肢体不自由，病弱・身体虚弱）は昭和54年から義務教育となり，学校教育の中でも様々な教材や教具が開発され，改善の工夫が行われてきた。このような教材の開発や工夫がなされてきた背景には，障害の特性に合わせて教材・教具を効果的に活用することで学びを修得しやすくなること，障害によっては，教材・教具があることによって生活や活動がより容易に，豊かになるためである。また，同じ障害名であったとしても必ずしも同じ教材・教具が利用できないこともある。それは，一人一人によってその障害の程度が異なることによる。一方，障害が異なっていても同じ教材を用いることも可能である。その場合は，子どもたちが

教材・教具を利用するときに障害の特性や状態に合った配慮をしていくことが求められる。

② 合理的配慮として「教材の確保」

このように，障害のある子どもの教材や教具の工夫や活用は，これまでの教育の中でも実践されてきていたが，近年，法律をはじめとして，障害児者への社会の考え方の変化により，教材のもつ重要性が増してきている。2011年（平成23年）8月に改正された障害者基本法では，教育の条文である第16条の中で，障害者の教育に関する環境整備として「適切な教材等の提供」が新たに追加された。また，2012年（平成24年）7月に中央教育審議会の報告である「共生社会の形成に向けたインクルーシブ教育システム構築のための特別支援教育の推進」（文部科学省，2012a）において，障害のある児童生徒が十分に教育を受けられるための合理的配慮として，「教材の確保」が環境整備の1つとして挙げられた。

合理的配慮とは，すなわち，各学校において教材の確保による負担が過重でないときには，障害のある子どもが在籍していた場合に教材を確保し，提供する配慮を行うということである。このような法律の下に，教材の開発，普及がさらに進むことが予測され，今後は，多様な学びの場で，障害の状態や特性を踏まえた教材を活用した指導が多く実現し，障害のある子どもの自立と社会参加につながっていくと考えられる。

③ 情報化教育への対応

現代は情報化の社会であり，情報化の推進は，移動の困難さや社会生活の制限などの障害のある子どもが，学校や自宅にいながら，情報を収集し，共有できる，表現できるという大きな意義をもっている。特別支援学校小学部・中学部の学習指導要領第1章第2節においても「各教科等の指導に当たっては，児童又は生徒がコンピュータや情報通信ネットワークなどの情報手段に慣れ親しみ，その基本的な操作や情報モラルを身に付け，適切かつ主体的，積極的に活用できるようにするための学習活動を充実する」ことが記述されている。コンピュータやタブレット端末等の情報機器の活用が求められ，これらを使った実

践が報告されるようになってきた。

しかし，コンピュータをはじめとする情報機器は，必ずしも障害のある子どもたちの使いやすい仕様になっているわけではない。障害の特性等に応じたアプリケーションが開発されること，情報機器については，障害のある子どもにとって基本的なアクセシビリティ（だれもが支障なく情報機器やソフトウェアにアクセスすることができること）を保証することが必要である。また，特別支援教育に携わる教師は，情報機器やソフトウェアに習熟し，障害のある子どもの特性や障害の状態等に応じて，情報機器の教材や教具を工夫するとともに，指導の効果を高める方法やそれらを活用しやすい学習環境を整えていくことについても絶えず学び，教材を研究することが求められる。

2　障害の特性を踏まえた教材・教具

障害の特性によって教材・教具が大きく異なることから，視覚障害，聴覚障害，肢体不自由，知的障害，病弱・身体虚弱に分けて，よく用いられる教材・教具について述べていく。

（1）視覚障害

視覚障害とは，視力や視野等に障害があり，日常生活に支障をきたしている状態である。全盲とは，光を感じない状態であり，視力の活用は困難である。弱視は視力の活用が可能であるが，その見え方は様々であり，視力以外の視野やまぶしさや眼振などの影響を受ける。したがって，視力を活用できるか否かによって，教材・教具が異なってくる。

全盲の児童生徒には，点字教科書を用い，触覚教材としては，実物教材，半立体的な教材（模型など），触図教材（立体コピー）などがある。触覚教材を活用して，触覚から情報を把握できるようにした上で，音声教材を活用することにより，聴覚からも情報を付加していくことも必要である。触覚による情報の収集は，視覚に頼ることよりも時間がかかり，部分的な情報はとらえられるが，全体をとらえることが困難なことがある。そこで，聴覚により全体像を大まかに把握させ，全体像と部分の関連を把握できるように教材の情報収集の仕方を

伝える配慮も必要になる。また，音声ワープロソフトも開発され，キーボードに入力した文字は，音声もしくは点字ディスプレイから出力することもできるようになった。これらにより，全盲の児童生徒も自分が入力した内容を音声や点字ディスプレイにより確認することができる。

図11-1　書見台とコンピュータの活用
（金子健（2014）報告書より）

　弱視の児童生徒の場合は，一人一人の見え方に合った弱視レンズや拡大読書器，書見台といった教具を活用して，照明器具等も工夫することで見えやすい環境をつくることが必要である。教材を見やすくするために，内容を単純化する，図（見てもらいたいもの）と地（背景となるもの）のコントラストに気をつける，色彩による見え方の配慮なども念頭において活用する。「障害のある児童及び生徒のための教科書用特定図書等の普及の促進に関する法律」に基づき，小・中学校教科書のデジタルデータを活用して作られた拡大教科書も学びに有効である。また，コンピュータの画面を拡大するソフトウェアもあり，拡大機能以外にも画面の色とコントラストの調整など多くの機能をもっており，より見やすく，使いやすいものになってきている。

　以上のように視覚障害の場合は，障害の状態に合った適切な教具の活用により，視覚障害の困難さを補って情報を入手し，学習への主体的な取組みにつなげることが重要となる。

(2)　聴覚障害

　聴覚障害は，聞こえに困難さがあるが，補聴器や人工内耳を活用して，重度難聴児であっても保有する聴覚を活用し，体験等も加えて言葉や概念の形成を図り，コミュニケーション能力を豊かにしていく教育を受けている。聞こえを保証する補聴器は教具の1つといえる。聴覚障害のある幼児児童生徒も補聴器自体の取り扱いについて学び，定期的な補聴器のフィッティングを受けて補聴器が活用できることを確認し，補聴器を使った音や言葉の聞き取りやコミュニ

ケーションを学んでいる。

学習内容については、視覚的な手掛かりが重要になるため、教科書の活用、学習のテーマに沿ったワークシートや掲示物などの活用が必要である。教科書は、通常の国語の教科書と聾学校用「国語」（ことばの練習）が作成されている。また、授業を進める際には、話を聞きながら書くことは困難であるため、書く時間と話をする時間を

図11-2　机や椅子の位置
（国立特別支援教育研究所（2011）より）

分けていくことが配慮として求められる。そのため**図11-2**のように発言者の口元が見えるような位置にする。聞く音声に集中するために、子どもたちが座る椅子の脚にテニスボールや布を巻いて、椅子の音がしない工夫をするといった環境面の配慮も欠かせない。また、授業の導入、展開場面において、DVD映像やコンピュータ等の情報機器を使用することも、学習内容の理解を促すのには有効な教材となる。

(3)　肢体不自由

肢体不自由は、上肢、下肢、体幹の運動や動作の困難さ、姿勢の保持、歩行、食事、衣服の着脱、物の持ち運び、書写等の動作を伴う動きに困難さがある。学校生活の中では、姿勢を保持すること、衣服の着脱等のように身体の全体の動きにかかわるものへの支援が必要である。姿勢の保持や移動の補助手段として車椅子や歩行器などが教具として用いられる。姿勢を保持することが困難である場合、手を使った操作ができにくく、遊びや学習活動が妨げられてしまう。姿勢保持椅子の活用や、車椅子が入る高さの机や、車椅子が入ることを考えたカットテーブル（車椅子の入る部分がカットされているテーブル）の使用といった配慮が必要となる。書字のように目と手の協応動作にかかわるものや、食事では、握るところが太くなり、持ちやすくなったスプーンやフォーク、鉛筆などといった教具もよく使われており、市販の道具ばかりではなく、指導に当たる教師が創意工夫して子どもに合った道具を用意することもある。

なかには身体の不自由さと併せて発語が伝わりにくい肢体不自由の子どもたちもいる。このような場合，補助代替コミュニケーション（AAC：Augmentative Alternative Communication）が用いられる。手の操作が可能であり，シンボルや文字を読むことができる場合は，**図11-3**にあるようなトーキングエイドを用いてコミュニケーションを図る。トーキングエイドでは，自分が伝えたい内容のイラストを押すとタブレットから音声が流れてくるようになっている。伝えたい内容のイラストを変えて，それに合わせた音声を録音することも可能となるため，コミュニケーションの幅も広がる。

図11-3　トーキングエイド
（e-AT利用促進協会より）

図11-4　VOCA
（エーブルネットより）

図11-4は，トーキングエイドと仕組みが同じく，ボタンを押すと音声が聞こえるVOCA（Voice Output Communication Aid）である。VOCAには，先に紹介したトーキングエイドと同じようなイラストが描かれたものや，文字を押すタイプがある。上図は，手の動きに制限がある場合に用いるVOCAである。ボタンを押しにくい子どもに対しては，スイッチを用いることや，触れるだけで音声や音で反応するような教具を作成することもある。コンピュータやタブレットを活用する場合も同様であるが，肢体不自由の児童生徒に対しては，身体の動きの状態に対応してどのように教材・教具を選び，活用するかという視点が重要になる。

(4) 知 的 障 害

知的障害は，知的機能の遅れによる学習内容の習得の困難さ，生活の中で行う食事，着替え，排泄といった基本的生活習慣の習得の遅れや，人とのコミュニケーションの困難さをもつ。知的障害の教育課程には，「領域・教科を合わせた指導」があり，ここでは，「日常生活の指導」「遊びの指導」「生活単元学習」「作業学習」が行われている。

第11章　特別支援教育と教材

　日常生活の指導の中で，例えばスナップボタンやボタンをはめる活動は，手指の巧緻性の発達との関連があることから，知的障害のある子どもたちにとって習得に時間がかかる。指導としては，机上でボタンをはめる教材を利用して，ボタンをはめる練習を繰り返した後に，実際に衣服のボタンをはめる経験を積むという指導が行われている。そのときにも，ボタンの大きさに注意を払い，手指の巧緻性との兼ね合いで少しずつボタンの大きさを小さくしていく。最終的には，実生活への活用がしやすくなるように，できるだけ実際に使用する用具を使うことが重要である。手指の巧緻性を促す教材は，市販されているペグ差し（穴に木の棒を入れる教材），ビーズ通しやブロックといった教材の活用による指導も行われている。

　学習に関しては，抽象的な内容の前に実際的，具体的な内容の指導が学習内容の習得により効果的である。例えば数の1対1対応に関しても，皿とみかんの模型を用いて，1対1対応について体験を通して学ぶことで，より理解を促すことが可能である。**図11-5**は，みかんの2個と同じ数の果物を探すという課題である。2つという数概念が育ってきている子どもが，同じ果物ではない素材に代わっても同じ2個であることが理解できているかを確認できる。

図11-5　数のマッチング
（大阪市教育センターより）

　コンピュータ等の情報機器による学習の指導も，知的障害のある子どもたちには有効である。知的障害のある子どもたちは，教材の情報量が多いと注意が様々なところへ移ってしまい，見てほしい情報を注視することができないという特性がある。そこで，活用の際には，知的障害の状態や経験等を考慮しながら，使用する教材は，適切な情報量を活用することが必要である。

（5）　病弱・身体虚弱

　病弱とは，病気が長期にわたるため体が弱っている状態を指し，医療や生活規制が必要となることである。身体虚弱は，病気に対する抵抗が弱く，容易に

身体諸機能の異常を引き起こしやすい状態に常にあるという身体の程度をいう。平成23年度の病類調査（全国病弱虚弱教育連盟，2013）では，近年，心身症等の行動障害や筋ジストロフィー等の神経系疾患，小児がんの占める割合が高く，従来対象となっていた結核や腎疾患，喘息の人数は減ってきている。また入院の必要な児童生徒は，その入院期間が以前より短くなっており，その期間の学習保障も大きな課題となっている。医療の進歩により，入院の期間が短くなり，薬を服用しながら通常学級に在籍できる子どもたちも増えてきている。しかし，体調の変調により，疲れやすく，薬の服薬による眠気などもあり，休憩をとるといった病気に応じた対応も頭に置く必要がある。さらに，病気である，病気になりやすいという状況をうけて，不安，対人関係の回避，苛立ち，抑うつといった心理面の影響も受けやすい。

　病弱・身体虚弱の子どもたちは，自力で移動をすることができるが，感染等の回避から外出することはできず，クラスメートと一緒の授業や実験等を，実際に体験することができない場合もある。長期間の入院や療養のため，体験が不足する場合には，学習を理解することが難しい場合も考えられる。また，入院，手術などに伴う学習空白の期間が生まれることで，学習の遅れや一部の知識が抜け落ちたまま，学習が進められていることもある。通常学級に在籍していたとしても，アレルギー等により使用できない材料があることも把握しておく必要がある。

　病気のために移動の範囲が制限されている場合は，テレビ会議システムを使うことにより，前籍校の児童生徒との交流を図るといったリアルタイムなコミュニケーションをとることが可能となる。DVDやインターネットを用いて，実験などを疑似体験することで，学習内容の理解を図ることにつながる。

　自己の病気を理解することが服薬や治療，体調の管理に欠かせない。年齢が低ければ低いほど，病気の理解を伝えるために，教材を作ることは意味がある。そのような教材は，病弱・身体虚弱の子どものクラスメートに対して，病気による外見の変化，治療による不在について理解を進めていくことにも利用することができる。

3 発達障害の特性を踏まえた教材・教具

　発達障害とは，自閉症スペクトラム障害，注意欠陥多動性障害，学習障害のことを指す。特別支援教育が始まり，通常学級に在籍する児童生徒のうち，発達障害という診断を受けている，もしくは発達障害が疑われる子どもは，6.5％であることが報告されている（文部科学省，2012b）。発達障害のある子どもたちは，通常学級に在籍しながら，その状態によって通級指導教室，特別支援教室に通い，課題に合わせた個別や少人数による指導を受けている。以下には，発達障害の特性についての解説と特性に応じた教材・教具は主としてどのようなものが使用されているかを述べる。

(1) 自閉症スペクトラム障害

　自閉症スペクトラム障害は，人との社会的な相互関係やコミュニケーションの取りにくさという特性をもつ。また，限定された興味の狭さや感覚の過敏さ，独特な認知の仕方により，学校生活に適応しにくくなることがある。

　人とのかかわりの中での困難さの背景には，相手の立場に立つことや相手の気持ちを推測しにくいという特性がある。人との関係を適切にとれるようにソーシャルスキルトレーニングが行われる。これは，図11-6のように絵カードを用いてどの点がよくないのか，どのようにしたらよいのかを考えていくための教材である。状況を客観的にとらえることができることから，改めてそのときにどのようにしたらよいのかを考えるきっかけとなる。

図11-6　ソーシャルスキルトレーニング絵カード
（エスポアール社HPより）

　また，状況の急な変化への対応や何をやるのか，どこまでやるのかが分からないときにも大きな不安をもつことがある。事前に何をやるのかを伝えておく，スケジュールを教材として活用し，分かるように示しておくと安心して課題に参加できるようになる。

(2) 注意欠陥多動性障害

　注意欠陥多動性障害は，不注意状態（不注意な過ちをする，注意を持続していられない，忘れ物をするなど），多動・衝動性状態（離席，座っていても体が動く，待つことができないなど）という特徴や，この2つが一緒に状態像として見られる混合状態に分けられる。

　このような特徴の背景には，自分自身で行動をコントロールできないところに問題があると言われている。

　このような状態を解決するためには，環境を整えることが第一に挙げられる。注意が持続できず，やるべき課題をすべて終われない場合には，注意が持続できる時間に合わせた課題の教材や，教材の中の問題数の設定が有効である。課題に取り組めた場合には，即時に賞賛をし，目標をもって注意の持続を伸ばしていくことにより，集中の時間が少しずつ長くなることも可能である。このような環境調整はどこの場においてもできるわけではない。自分自身で行動をコントロールする，自分の行動をモニタリングできるといったセルフコントロールの力も必要である。自分自身の姿をビデオにとって状況を見ることや，セルフコントロールを助ける教材（今日は○○までがんばりますと目標を立てる紙。できたらシールを貼る），教具（砂時計であとどれくらい我慢したらよいかを示す）を活用することも有効である。

(3) 学 習 障 害

　学習障害は，知的発達の遅れはないが，聞く，話す，読む，書く，計算する，推論する能力のうち特定の能力の習得が困難である状態を示すものである。学習障害の背景には，視覚的手掛かりの認知能力や言語的手掛かりの認知能力のアンバランスがあることや，問題を解決するための認知処理過程に問題があることが分かってきている。

　そのような認知能力のアンバランスがあった場合，得意な認知能力を使えるような教材や考え方を教えることが有効である。例えば，漢字を覚えることが困難な場合は，漢字という視覚的な手掛かりを認知していくことが苦手であることが推測される。言語が得意であれば，言語の力を使って「親という漢字は

立って木を見るで、できている」のように、言語を使った語呂合わせで漢字の部分を覚えていくことができる。逆に視覚的手掛かりは得意であるが、言語的手掛かりが不得意の場合は、物語の内容を視覚的な手掛かりである絵で示すことで意味をとらえられるようにしていくのである。

数の分解で、**図11-7**は視覚的な手掛かりが得意である子どもへの教材の例である。数字と対応した黒のドットで視覚的に示し、6から分けることを矢印で表している。

図11-8は、黒のドットと白のドットは同じように示しているが、いくつもドットは使わずに、「6は5と○」のように言語を用いて考える教材になっている。

図11-7　数の分解（視覚）

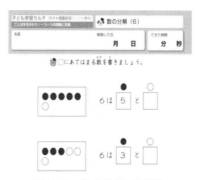

図11-8　数の分解（言語）
（特別支援教育デザイン研究会ポータルサイト）

このように、学習障害への指導には教材の工夫が欠かせない。一人一人の認知特性に合わせた教材を活用することで、できた、分かったという経験を積むことが学習への意欲にもつながる。

4　ユニバーサルデザインで活用する教材・教具

ここまで、障害の特性に応じた教材・教具を紹介してきたが、教材や教具があれば、障害のある子どもたちの学びがすべて解消するわけではない。教材や教具を効果的に用いるためには、子どもたちが教材を使えるような教師からの働きかけや環境の設定、他の教師とともに指導を行うのであれば、教師同士の連携といった視点も欠かせない。

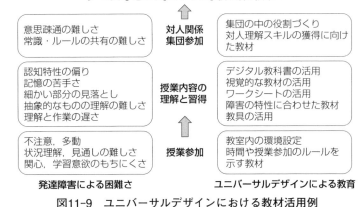

図11-9 ユニバーサルデザインにおける教材活用例

　通常学級に在籍する，特別な支援が必要な児童生徒の増加に伴って，学習面または行動面で，著しい困難を示すとされた児童生徒も含めた，学級全体に対する指導をどのように行うのか，考えていく（文部科学省，2012b）ことが求められ，通常学級におけるユニバーサルデザインによる教育の必要性が高まっている。教育におけるユニバーサルデザインの明確な定義はないが，特別な支援が必要な児童生徒だけではなく，どの子どもも過ごしやすく学びやすい学校生活や授業を目指すものと考えられている。

　これまでの実践をまとめると，授業に参加するためのユニバーサルデザインによる取組みとして，教室内の環境設定（掲示物や音などの刺激量の調整，教室内の整理整頓），時間の構造化（スケジュールを示す教材），授業に参加するためのルールの明確化（聞く姿勢，発言の仕方を示す教材）が行われている。また，授業内容の理解や習得に向けたユニバーサルデザインによる取組みとして，授業展開の構造化，授業内容のスモールステップ化を行うなかに，デジタル教科書を活用する，視覚的な教材やワークシートを用いる，教材を障害の特性に合わせた教材の工夫が挙げられる。対人関係や集団参加に向けたユニバーサルデザインによる取組みとして，集団の中で役割をつくり，行うことを分かりやすくする，対人関係スキルを養うような教材を作成し，練習をするといっ

たことが実践されている。

　ユニバーサルデザインの授業の中で教材や教具を活用することによって，発達障害児のみならずすべての子どもたちの参加の状況を整え，学習の理解を進め，学習の習得に向かっていくという視点が重要である。

（腰川　一惠）

〈引用文献〉

金子健「特別支援学校（視覚障害）における教材・教具の活用及び情報の共有化に関する研究―ICTの役割を重視しながら―」平成24年度〜平成25年度専門研究B，国立特別支援教育総合研究所，2014年

国立特別支援教育総合研究所「聴覚障害教育」2011年
http://www.nise.go.jp/cms/13,0,44.html

文部科学省「共生社会の形成に向けたインクルーシブ教育システム構築のための特別支援教育の推進」2012年a
　http://www.mext.go.jp/b_menu/shingi/chukyo/chukyo3/044/houkoku/1321667.htm

文部科学省「通常の学級に在籍する発達障害の可能性のある特別な教育的支援を必要とする児童生徒に関する調査結果について」2012年b
　http://www.mext.go.jp/a_menu/shotou/tokubetu/material/1328729.htm

文部科学省「障害のある児童生徒の教材の充実について　報告」2015年
　http://www.mext.go.jp/a_menu/shotou/tokubetu/material/1339114.htm

全国特別支援学校病弱教育校長会編著『特別支援学校の学習指導要領を踏まえた病気のこどものガイドブック』ジアース教育新社，2012年

全国病弱虚弱教育連盟「平成25年度（第50回）全国特別支援学校長研究協議会全病長研究協議会資料」2013年

〈参考文献〉

聖徳大学特別支援教育研究室編『一人ひとりのニーズに応える保育と教育』聖徳大学出版会，2011年

第12章 **地域と教材**
―防災意識を高め地域のレジリエンスを高める身近な地域の学習指導―

1 はじめに

　教材とは，教授，学習の必要に従い用意される材料のことであり，伝統的には教科書中心に知識教材が編成されてきた。しかし，体験的な学習や問題解決的な学習などでは，文化遺産や自然環境，地域社会そのものが教材となる。実際，学習指導要領には，総合的な学習の時間では，体験活動を充実させ，他者，社会，自然や環境とのかかわりの中で，実社会や実生活とのかかわりを重視すること。生活科では，具体的な活動や体験を通して，身近な人々，社会及び自然とのかかわりに関心をもち，自分自身や自分の生活について考えさせること。理科では，野外での発見や気付きを学習に生かす自然観察など，科学的な体験や自然体験の充実を図ること。社会科では，身近な地域の調査で生徒が生活している地域の課題を見いだし，地域社会の形成に参画してその発展に努力しようとする態度を養うことなどが求められている。すなわち，地域そのものが教材の宝庫であり，生徒を積極的に地域社会とかかわらせることが，生徒の視野を広げ，社会参画能力を高めることにつながるのである。また，このような体験をさせることが，いずれ地域を支える人材を育成することにつながるのである。したがって，教師は積極的に地域教材を活用した学習指導を行うべきである。

　平成20年に中学校社会科の学習指導要領が改訂された。これまで，地理的分野の学習指導では，身近な地域の調査は分野の最初に行われることが多かった。しかし，平成20年版の学習指導要領では，世界や日本の様々な地域を学習し，最後に身近な地域の調査を行うようになった[1]。

　身近な地域の調査は，直接地域に出て調査を行うことを通して，地域的特色

第12章　地域と教材

を明らかにするとともに，その過程で地理的見方・考え方の基礎を育成したり，地域調査の視点や方法などを身に付けたりすることが求められてきた。しかし，平成20年版の学習指導要領では，分野の最後に位置付けられ，地域的特色だけでなく地域の課題をも明らかにすることや，社会参画の視点が位置付けられるようになった。しかし，宮本（2009）が宮城県内で授業中にフィールドワークを行っている割合は，全体の約10％にすぎないと述べているように，実際に地域調査を行っている割合は少ない。地域調査が行われなければ，地理的見方・考え方の基礎を育成することや生徒の社会参画の意識を高めることは難しい。地域調査の実施率が低い理由として，教科の授業時数を確保することが難しいこと，生徒の安全管理が難しいこと，生徒指導面が心配なこと，教師自身が地域調査の方法が分からなかったり地域の特色そのものを理解していなかったりすることなどが挙げられる[2]。

　フィールドワークなど，実際に地域調査を行うことは，地域的特色への理解を深めたり，地理的見方・考え方の基礎を育成したりするだけでなく，生徒の社会参画への意識を高め，地域への愛情を深めたりすることになるといわれている。身近な地域の調査が行われやすくするために，「ワンポイント巡検」など，1単位時間の中で行えるフィールドワークの取り組みなども提案されている[3]。

　一方，平成23年に起きた東日本大震災をきっかけに，防災意識の高まりの中で，防災や減災の視点から，身近な地域の調査を行う例も見られる。特に，我が国は，4つのプレートの境界付近にあり，古来より地震を繰り返してきた。近い将来，東海地震や南海地震，東南海地震などの巨大地震が起こることが想定されている。また，国内には火山が100以上も存在しているため，火山付近で暮らしている人々にとっても，噴火に伴うリスクが少なくない。その上，地球温暖化の影響などで台風などによる土砂災害も増えてきた。そのため，日本のどこにいても自然災害が起こる可能性があるのであり，それらのリスクに対応した社会づくりを日頃から心がけておくことが必要である。実際，各自治体では，津波や洪水，火山の噴火に伴うリスクを軽減するために，ハザードマップ

を作成している。社会科教育においても，坂井ら（2013）が阪神・淡路大震災や東日本大震災の被災からの復興，福島第一原発の放射線漏れの事故からの避難生活，液状化現象の起こった浦安市の問題などを題材に，それらの災害からどのように復興してきたのか，ということやそれらの取り組みを題材に行った授業実践をまとめている。宮本（2014）は，東日本大震災で被災した宮城県名取市閖上地区の中学校で行った身近な地域の調査の実践例をまとめている。それによると，身近な地域の調査を行う過程で育んだ地域への愛着の念が，震災の復興を後押しする大きな力となることがとらえられたとしている。

また竹内（2013）は，阪神・淡路大震災の際，神戸市長田区の真野地区の人々が主体的に行ってきたまちづくりの取組みが，早期の復興を可能にしたと述べている。また，中蔦ら（2013）は，事前に地域の問題点を調べ，復興後の地域の姿をイメージしておくことが，地域のレジリエンスを高めることになることを説いている[4]。

筆者は，事前復興の要素を入れた身近な地域の調査を，生徒と地域の人々とで一緒に行うことが，生徒や地域の人々の防災意識を高めることや，生徒の地理的な見方・考え方の基礎を育成するとともに，地域コミュニティの形成に寄与することになる。また，身近な地域の調査も，地域の人々と一緒に行えば，生徒の安全面や生徒指導面の不安も解消されることになり，身近な地域の調査が実施しやすくなる。そこで，地域の人々とともに，事前復興の要素を取り入れ，地域のレジリエンスを高める身近な地域の調査を行うことを考えた。

2　地域コミュニティの創設と中学生の役割

平成25年1月に中央教育審議会が提出した第2期教育振興基本計画によると，地域ごとに異なる様々な問題を，それぞれの地域で解決すること，またそのためにそれぞれの地域におけるコミュニティを創設し，その中心に学校を位置付けることが求められている。すなわち，学校を地域のコミュニティの中心に位置付け，学校だけで教育を完結するのではなく，多様な人々との協働など人的条件を整えることや，コミュニティにおける参画・協働などの創意工夫を促す

体制や設備などの物的条件を整えることによって，地域ごとの問題を解決しようとするものである。地域ごとにコミュニティを創設することは，古くから住んでいる人々の結びつきの強い農村や漁村などでは難しくないが，地域の結びつきの希薄な新興住宅地や東京などの都市域では，働く場所と自宅とが離れていることが少なくないことなどから，コミュニティを創設することは容易ではない。

　コミュニティが重視されるようになった背景には，平成23年の東日本大震災の時に，学校が避難拠点として大きな役割を果たしたこと，コミュニティを中心に仮設住宅に住むことや避難することが大切であることが明らかになったことなどによる。すなわち，学校を中心に，行政と地域とが一体となったコミュニティを創設し，協働することによって，それぞれの地域の課題を解決することが有効だと考えられるようになってきたからである。震災後の復興の進み具合は，日頃から震災に備えた対応を考えていた自治体とそうでない自治体とでは，大きな差があるといわれている。なかでも，将来大きな地震が起こることが予想されている自治体では，より一層このことが望まれる。筆者が勤務している東京都やその周辺の都市域では，鉄道などの公共交通機関がストップしてしまうと，帰宅することは困難になってしまう。また，大学や高等学校は地域から離れていることが多いため，いざというときに彼らが地元で活動することは難しい。

　一方，中学生は自宅に近いところに通学しているため，緊急の場合には彼らを住んでいる地域の活動に貢献させることが期待できる。実際，東日本大震災のときに，被災地の荒浜中学校の生徒が大きな戦力となったといわれている。震災発生時に，荒浜中学校では生徒が，小学生やお年寄りを誘導して速やかに避難するなど大きな力となった。

　中学生の多くは，運動部に所属し，日頃から体を鍛えている。中学3年生では，大人と変わらない体の大きさの生徒も少なくない。また，生徒会役員や専門委員会の委員長，部活動のキャプテン，各クラスの学級委員などは，集団を統率することに慣れている。彼らは避難拠点となる学校や生活している地域の

様子を熟知している。しかし，現実は中学生は保護される対象にあるため，災害時は保護者が引き取りに来るまで，学校で彼らを保護しなければならない。

しかし，上記のように，体も大きく体力もあり，学校の中心として活躍している中学生も多いことなどから，中学生は保護される対象というよりも，むしろ地域の中核として，被災した人々のために，大きく貢献できる存在として位置付けるべきだと考える。そのため，日頃から生徒と地域の人々との協働する活動を多く位置付けること，社会科地理的分野の身近な地域の調査において，事前防災の観点から生徒と地域の人々とが協働して身近な地域の調査を行うことなどを位置付けることが有効であると考えた。

3　地域の人々との協働活動

筆者が勤務している中学校は，東京の練馬区に位置する。練馬区は，東京の北西部にあり，北は埼玉県，西は西東京市，東は板橋区と接している。練馬区は武蔵野台地のへりに位置し，台地上は練馬大根で有名なように，都心に住んでいる人々に野菜を提供する近郊農業地帯であった。高度経済成長の頃から，都市化の進展により，住宅が増えるのに反して，農地は次第に減少していった。しかし，駅から800 m以上離れた比較的交通の便の悪い地域には，現在も畑が多く残っており，23区内で最も畑の面積の広い自治体になっている。本校は，最寄りの大泉学園駅から1.5 km程のところに位置し，学区域内には住宅が多いが，畑も多く残っている。地域には野菜の無人スタンドもあり，生徒の中には農家を生業としている家庭もある。

ところで，学校を地域のコミュニティの中心に位置付けるには，日頃から地域の人々と協働した活動を行うことが必要である。本校では，地域の人々と協働する活動を，以下のように教育課程に位置付けている。

中学1年次は，「農業体験」を行う。学区域に住んでいる農家の方の指導で，その日の朝に収穫したトウモロコシや枝豆の皮むきを行い，それを給食で食べることによって，地産地消の大切さや学区域周辺の地域的特色を理解させる。

「地域防災訓練」では，地域の人や区の防災担当の方と一緒に，救命救急体験

表12-1 地域の人々との協働体験の指導計画

【1年次】
○農業体験
・地域の農家の方から，その日の朝に収穫した枝豆とトウモロコシの生育についてのお話をうかがい，地産地消の大切さを知る。
・枝豆とトウモロコシの皮むきを行う。
・生徒が皮むきを行った枝豆とトウモロコシをその日に調理していただき，給食で食べる。
○地域防災訓練
・救命救急体験を行う。
・車いす体験を行う。
・仮設テントの設営訓練を行う。
・炊き出し訓練を行う。
○福祉体験
・高齢者体験を行う。
・地域の福祉施設を訪問して，お年寄りとの交流を行う。

【2年次】
○職場体験
・地域の様々な店舗，会社，施設等で職場体験を行う。

(筆者作成)

や車いす体験，仮設テントの設営訓練や炊き出し訓練等を行い，非常時に中学生が地域防災の担い手になれるようにするための訓練を行う。

「福祉体験」では，足に重しをつけたり，視界を狭くしたりして高齢者体験を行う。また，地域の福祉施設を訪問して，お年寄りとの交流を行うことによって，高齢者は大変なことや福祉の大切さに気付かせる。

中学2年次では，地域の様々な店舗や会社，施設などに行って職場体験を行い，働くことの大切さや大変さを理解させるとともに，将来の生き方を考えさせるきっかけとする。

表12-2 地理的分野「(3) 日本の様々な地域」に位置付けられた防災の視点

(2) 日本の様々な地域	具体的な学習指導
イ　世界と比べた日本の地域的特色 　世界的視野や日本全体の視野から見た日本の地域的特色を取り上げ，我が国の国土の特色を様々な面から大観させる。 （ア）　自然環境 　世界的視野から日本の地形や気候の特色，海洋に囲まれた日本の国土の特色を理解させるとともに，国内の地形や気候の特色，<u>自然災害と防災への努力を取り上げ，日本の自然環境に関する特色を大観させる。</u>	・日本が環太平洋造山帯の一部であり，造山運動を絶えず行っているため，地震や火山活動が活発である。 ・降水量や降雪量が多い地域は，土砂災害や雪崩などの被害を受けやすいことに気付かせる。 ・我が国は狭い低地に多くの人が集中しているため，洪水や津波などの風水害の被害を受けやすいことに気付かせる。
ウ　日本の諸地域 　日本を幾つかの地域に区分し，それぞれの地域について，以下の（ア）から（キ）で示した考察の仕方を基にして，地域的特色をとらえさせる。 （ア）　自然環境を中核とした考察 　地域の地形や気候などの自然環境に関する特色ある事象を中核として，それを人々の生活や産業などと関連付け，自然環境が地域の人々の生活や産業などと深い関係をもっていることや，<u>地域の自然災害に応じた防災対策が大切であることなどについて考える。</u>	・九州は，台風などの風水害の被害を受けやすいことに気付かせる。 ・九州には火山が多い。そのため，温泉や地熱発電，美しい景観などの恩恵があるものの，火山の噴火に伴う，災害のリスクを負っていることに気付かせる。
エ　身近な地域の調査 　身近な地域における諸事象を取り上げ，<u>観察や調査などの活動を行い，生徒が生活している土地に対する理解と関心を深めて地域の課題を見いだし，地域社会の形成に参画しその発展に努力しようとする態度を養う</u>とともに，市町村規模の地域の調査を行う際の視点や方法，地理的なまとめ方や発表の方法の基礎を身に付けさせる。	・本校の学区域周辺の身近な地域は，無秩序に都市化が進んだため，幅が狭く，見通しが悪い，歩道のない道路が多い。そのため，交通事故に遭いやすいこと，地震の際は，塀などが倒壊して消防自動車などの緊急車両が入りにくいことなどに気付かせることが大切である。

(筆者作成)

第12章 地域と教材

表12-3 事前防災の視点を入れた「身近な地域の調査」の指導計画

		主な問い	目標（知識・理解）	備　考
地図の見方	第1時	学区域周辺の地形図を使って，地形図のきまりを理解しよう。	・学区域周辺の地形図を使って，縮尺や8方位を理解しよう。 ・ランドマークとなる場所に色ペンで着色し，それらの位置をとらえよう。	・学区域周辺の2万5千分の1の地形図 ・定規
	第2時	学区域周辺の古い地形図から，当時の地域の様子をとらえよう。	・地図記号を覚えよう。 ・学区域周辺の昭和7年の地形図を見て，学区域周辺がどのような土地利用だったのかをとらえよう。	・昭和7年の学区域周辺の5万分の1地形図
課題の設定	第3時	事前防災の考え方を知ろう。荒浜中学校の事例を学習しよう。	・事前防災とはどんなものかを理解しよう。 ・荒浜中学校の取組みを学ぼう。	・事前防災のVTR ・荒浜中学校の資料
	第4時	学区域周辺の地域的特色，地域のよさや課題を考えよう。	・学区域周辺の地域的特色，地域のよさや課題を考えよう。	・地域の地図や景観写真
	第5時	地域調査の計画を立てよう。	・地域をどう調査するかを計画しよう。	・2500分の1の地形図 ・行政や地域の人と協働
	第6時	地域調査を行う際のきまりや持ち物を考えよう。	・地域調査を行う際のきまりや持ち物を考えよう。	・行政や地域の人との確認
	第7時	身近な地域を調査する際のルートマップを作ろう。	・身近な地域を調査する際のルートを考え，ルートマップを作成しよう。	・2500分の1の地形図
課題の追究	第8・9時	身近な地域の調査を行おう。	・班ごとに身近な地域の調査を行おう。	・2500分の1の地形図 ・カメラ・時計・バインダー・筆記用具 ・行政や地域の人と協働
	第10時	身近な地域の調査結果をまとめよう。	・班ごとに調べた身近な地域の調査結果を地図にまとめよう。	・2500分の1の地形図 ・行政や地域の人と協働
	第11時	身近な地域の調査結果を班ごとに発表しよう。	・班ごとに調べた身近な地域の調査結果を発表しよう。	・2500分の1の地形図
課題の解決	第12時	身近な地域の課題と解決策を考えよう。	・班ごとに調べた地域の課題をより広い視野から考察し，地域全体の課題やその解決策を考えよう。	・練馬区の副読本 ・2500分の1の地形図
	第13時	よりよい地域の在り方を自分なりに提案しよう。	・よいよい地域の在り方を考えよう。	・地域の地図

（筆者作成）

4 防災の観点からの学習指導（日本の様々な地域）

　平成23年に起きた東日本大震災で，未曾有の被害を受けたことから，平成25年に文部科学省は学校防災のための参考資料を提示した。それには，学校防災の意義とねらいが示されている。それによると，防災に関する基礎的・基本的事項を系統的に理解し，思考力，判断力を高めることによって，防災について適切な意思決定ができるようにすることが大切であるとし，計画的，継続的に指導することの必要性を述べている。

　教育課程の領域では，体育科や保健体育科，社会科（地歴・公民）や理科などの教科や総合的な学習の時間などで取り扱うこととしている。筆者は，中学校の社会科を指導している。そこで地理的分野の学習指導において，防災の視点を取り入れた学習指導を系統的に行うことを考えた（**表12-2**）。

5 地域のレジリエンスを高める身近な地域の学習指導

　文部科学省が平成25年に提示した学校防災のための参考資料には，家庭や地域社会との連携を図りながら，日常生活において安全に関する活動の実践を促し，生涯を通じて健康・安全で活力ある生活を送るための基礎が培われるよう，開かれた学校づくりや家庭や地域社会と連携した防災活動の展開に努め，地域ぐるみの防災教育を推進したりすることが重要であることを指摘している。

　そこで，学区域周辺の身近な地域を，地域の人々と協働で調査し，危険度マップを作成するとともに，地域のあるべき姿を，地域の人々に発表する指導を行う計画を立てることにした（**表12-3**）。

6 おわりに

　本研究は，事前防災の視点を取り入れ，中学生が行政や地域の人々と協働して，身近な地域の調査を行うことによって，地域のレジリエンスを高めることを目指したものである。学校を地域のコミュニティの中核に位置付け，生徒と行政や地域の人々とが協働することによって，中学生を地域の防災に貢献できる人材として育てるとともに，地域の防災が持続的に行われるようにすること

を考えて行う取組みである。これまで，本校では地域の人々とともに協働して農業体験，防災訓練，福祉体験などの取組みは行ってきた。しかし，地域のレジリエンスを高めるために，地域の人々とともに実際に身近な地域の調査を行うことはしてこなかった。現時点では計画の段階であるが，これを実際に行い，成果と課題を明らかにすることが今後の課題である。

（池下　誠）

〈注及び参考文献〉
1) 文部科学省『中学校学習指導要領解説 社会編』p.161, 2008年
2) 松岡路秀・今井英文・山口幸男・横山満・中牧崇・西木敏夫・寺尾隆雄編『巡検学習・フィールドワーク学習の理論と実践―地理教育におけるワンポイント巡検のすすめ―』2012年，古今書院の中で，松岡路秀が，「巡検等の学習の基礎的考察とワンポイント巡検の提唱」の中で，フィールドワークが実施されない7つの例を挙げている。
3) 松岡路秀「地理教育における巡検学習論の構築とワンポイント巡検の提唱」『地理教育研究』No.7, pp.1-7, 2010年
4) 中蔦いずみ・岡野内俊子「地域レジリエンスと事前復興」『かながわ政策研究・大学連携ジャーナル』No.4②2013年。これによると，レジリエンスとは，大きな災害などの際に，それを乗り越えることのできる地域や集団内の復元力や回復力のことを示す。

坂井俊樹・竹内裕一・重松克也編『現代リスク社会にどう向きあうか―小・中・高校，社会科の実践』梨の木舎, p.406, 2013年
中央教育審議会「第2期教育振興基本計画について（答申）」p.134, 2013年
中蔦いずみ・岡野内俊子「地域レジリエンスと事前復興」『かながわ政策研究・大学連携ジャーナル』No.4②, pp.81-108, 2013年
松岡路秀・今井英文・山口幸男・横山満・中牧崇・西木敏夫・寺尾隆雄編『巡検学習・フィールドワーク学習の理論と実践―地理教育におけるワンポイント巡検のすすめ―』古今書院, p.279, 2012年
宮本静子「中学校社会科地理的分野の「身近な地域」に関する教員の意識」『新地理』57(3), pp.1-13, 2009年
宮本静子「社会参画の視点を育む身近な地域の調査―東日本大震災後の閖上中学校の例を通して―」『地理教育研究』No.14, pp.64-68, 2014年
文部科学省『学校防災のための参考資料「生きる力」を育む防災教育の展開』p.223, 2013年

第13章 生涯学習と教材

1 生涯学習時代の到来

　「教材」というと，一般的には小・中・高等学校等の「学校教育」で活用する素材を想起するにちがいない。しかし，「教材」は近年，世界的規模で普及・浸透している「生涯学習」の観点からすれば，学校教育に限らず，幼児期から高齢者に至る，人の生涯にわたる段階を視野に入れて考慮すべき「教授・学習素材」としてとらえなければならなくなっている。

　生涯学習は文字どおり，「人間の生涯にわたり―生まれてから死に至るまで―学ぶことを求める思想であり，実践である。」と定義できる。

　近代国家の成立により，各国は自国の安定・発展の基礎として，教育の充実を図ってきたが，その根底にあったのは「学校教育」の確立であった。明治期以降の教育発展の歴史では，まずは小・中学校の普及・定着であり，加えて少数のエリート養成としての高等教育の発展であった。戦後の教育政策も，義務教育の定着，高校教育及び大学教育の普及であった。昭和21年制定の教育基本法も，「教育」を初等・中等教育中心に構想したものであった。

　その教育基本法も戦後60年を経た2006年に改訂を行っているが，第3条に＜生涯学習の理念＞を加え，「国民一人一人が，自己の人格を磨き，豊かな人生を送ることができるよう，その生涯にわたって，あらゆる機会に，あらゆる場所において学習することができ，その成果を適切に生かすことのできる社会の実現が図られなければならない。」と明示することになった。この規定が新教育基本法に組み入れられたのは，生涯学習の思想が世界的にも，我が国でも，今後の教育を構想する上での喫緊の課題となってきたからにほかならない。

　「生涯学習」が教育の重要課題に浮上したのは，20世紀中葉以降であり，具

第13章　生涯学習と教材

表13-1　生涯学習の概念の系譜

年	事項	内容
1965	ユネスコ国際会議，第3回成人教育推進国際委員会（life-long integrated education, life-long education＝邦訳「生涯教育」）	・教育を人間の可能性を導き出す生涯を通じての活動としてとらえる「永続的教育」を提唱
1970	OECD「recurrent education」提唱	
1971	中央教育審議会答申，社会教育審議会答申	・主要教育課題として取り上げられる
1975	ユネスコ「Learning to be」（邦訳『未来の教育』）	
1981	中央教育審議会答申	・「生涯学習」の概念の明確化などを提言
1984〜87	臨時教育審議会答申	・「生涯学習体系への移行」を21世紀教育の基本に
1989	学習指導要領改訂	・学校を「生涯学習の基礎を培う場」として位置付ける
1990	生涯学習振興法の制定	・正式には，「生涯学習の振興のための施策の推進体制等の整備に関する法律」
1996	中央教育審議会答申　ユネスコ「Learning-The Treasure Within」（邦訳『学習―秘められた宝』）	・生涯学習の理念をまとめる・「生きる力」の提唱 ・「生涯学習は21世紀の扉を開く鍵」 ・教育・学習の4つの基本「知ることを学ぶ・為すことを学ぶ・共に生きることを学ぶ・人間として生きることを学ぶ」
2002	学習指導要領改訂	・生涯学習の基礎となる学習に比重を置いた改訂 ・学校週5日制・教科内容の厳選・「総合的な学習の時間」の新設など。
2006	教育基本法改正	・〈生涯学習の理念〉が加わる 「第3条　国民一人一人が，自己の人格を磨き，豊かな人生を送ることができるよう，その生涯にわたって，あらゆる機会に，あらゆる場所において学習することができ，その成果を適切に生かすことのできる社会の実現が図られなければならない。」
2011	学習指導要領改訂	・「思考力・判断力・表現力及び学習意欲の向上」という生涯学習に必要な資質を重視する

体的には1965年のユネスコの国際会議(「第3回成人教育推進国際委員会」)以降のことである。この会議では「生涯教育」の用語が用いられ,これからの時代は,教育を学校教育に限定せず,年齢段階を超えて,生涯にわたる教育システムを構築し直す必然性のあることが指摘された。背景としては,急速な国家・社会の変動,科学技術の革新,国民の心豊かな生活への欲求などが挙げられ,それらを満足させる教育・学習への対応には,従来の青少年中心の教育に限定せず,生涯にわたり継続的に行う必要性が指摘され,教育制度・体制の全面的変更を求める時代が到来していることを明らかにしたのである。

　この会議を契機に,ユネスコやOECD等の国際会議では,社会の急激な変化のみならず,人間個々人の心豊かな生き方としての教育・学習の重要性が次々に取り上げられ(ユネスコ「Learning to be＝邦訳『未来の教育』」ぎょうせい,1975年,OECD「recurrent education」1970年),90年代には決定版ともいわれる「Learning-The Treasure Within＝邦訳『学習―秘められた宝』」(ぎょうせい,1996年)が公表された。ここでは,「生涯学習は21世紀の扉を開く鍵」であると,生涯学習の重要性を指摘し,教育・学習の4つの基本,「知ることを学ぶ・為すことを学ぶ・共に生きることを学ぶ・人間として生きることを学ぶ」を明示し,この基本に沿って教育・学習を進めることによって,21世紀の国際社会を創造的で平和な社会に移行することを期待したのである(**表13-1**)。

　我が国でも中央教育審議会や社会教育審議会の答申(1971年)以降,生涯学習は主要教育課題として取り上げられ,「生涯教育か生涯学習か」などの議論を経て,1981年の「中教審答申」では,「今日,変化の激しい社会にあって,人々は,自己の充実・発展や生活の向上のため,適切かつ豊かな学習の機会を求めている。これらの学習は,各人が自発的意思に基づいて行うことを基本とするものであり,必要に応じ,自己に適した手段・方法は,これを自ら選んで,生涯を通じて行うものである。その意味ではこれを生涯学習と呼ぶのがふさわしい」という提言を行い,その後,臨時教育審議会(1984～1987年)答申では,21世紀の主要課題として「個性重視の原則・社会の変化への対応」と並行して「生涯学習体系への移行」を挙げている。この答申に従って,生涯学習法の制定

(1990年)，教育行政組織の改革，学習指導要領の改訂など，各種の改革が具体的に進められていったのである。

このような社会情勢の変化の下で，「教材」も学校教育のみに限定してとらえる時代ではなく，幼児から高齢者に至るまで，それぞれの成長・発達段階，個々人の学習環境・学習欲求等に応じて求められる時代に入っているといえる。

2 学校教育観の転換と教材の関係

生涯学習時代の到来によって，学校とそこでの教育も生涯学習の大きな枠組みの中に包含されることになった。学校が社会から孤立し，既成の知識・技術・文化を伝達・教授する役割から，生涯学習の一環であることが求められるようになったのである。1989年の学習指導要領の改訂に当たっては，臨教審答申の「生涯学習体系への移行」の精神が反映するものとなった。

具体的には，次に示す改訂の4つの基本である。

(1) 豊かな心を持ち，たくましく生きる人間の育成を図ること
(2) 自ら学ぶ意欲と社会の変化に主体的に対応できる能力の育成を重視すること
(3) 国民として必要とされる基礎的・基本的な内容を重視し，個性を生かす教育の充実を図ること
(4) 国際理解を深め，我が国の文化と伝統を尊重する態度の育成を図ること

さらに改訂の基本的なねらいとして，その前文で，学校は，「生涯学習の基礎を培うという観点に立ち，21世紀を目指し，社会の変化に自ら対応できる心豊かな人間の育成を図ること」と明示されたのである。

これらの改訂の動きを補足するように中教審答申（1996年）では，「これからの子供たちに必要となるのは，いかに社会が変化しようと，自分で課題を見つけ，自ら学び，自ら考え，主体的に判断し，行動し，よりよく問題を解決する資質や能力であり，また，自らを律しつつ，他人とともに協調し，他人を思いやる心や感動する心など，豊かな人間性である」とし，生涯学習の理念をまとめている。

その構想の下に2002年の学習指導要領では，学校週5日制，主要教科内容の厳選，「総合的な学習の時間」の新設など，生涯学習の基礎となる子ども自身による学習に比重を置いた改訂が行われたが，これらに対する反論（OECDの国際学習到達度調査での順位低下などによる「ゆとり批判・学力低下論」など）がみられたのは周知のとおりである。

　そして，2011年以降の学習指導要領改訂に当たって，「基礎的・基本的な知識・技能の習得」のための時間数の増加がみられているが，既存の学習指導要領で掲げた「生きる力」の理念は変更しないこと，つまり，学校は生涯学習の基礎を培う場であることに関しては全く変更しないことが明言され，「思考力・判断力・表現力及び学習意欲の向上」といった生涯学習に必要な資質を重視する目標が掲げられ，今日に至っている。

① **生涯学習の基礎を培うという学校教育観に立った教材であること**

　まず，「生きる力」の目標は変わらないといっても，学校教育の目的は，教育基本法（第2条）に示されているとおり，「幅広い知識と教養等」を習得させることは当然であり，現行学習指導要領でも「基礎的・基本的な知識・技能の習得」が明示されている。特に，幼少期の子どもに対しては，教師による知識・技能の教授が必要である。そのため，知識・技能を習得させる目的で活用する「教材」の位置付けは基本的には変わらない。学年別・教科別の「教科書」やその内容を補足・充実する「その他の教材」を活用して，一人一人に基礎的・基本的な知識・技能を丁寧に習得できるように教授することは当然である。しかし，留意しなければならないのは，それが従来の知識・技能のみを体系的に習得させるという発想ではなく，生涯学習の基礎を培う観点から作成されている教材であるかどうかが重要な視点なのである。

② **教授用教材も子どもの「学習の喜び」を念頭に置いた教材であること**

　教授用（授業用）教材でも，学習の必要性を理解させる内容，子どもの思考力・判断力・表現力を刺激する内容が組み込まれた教材が求められることになる。このことは，単に教材という学習素材のみで解決される性格のものではなく，教師の教材活用上の問題としても重要な視点である。授業の導入時の教師

の言葉，授業内容を理解させる際の問いかけ，それに対する子どもの反応，理解した内容を子ども自身の言葉で表現できるかどうかの確認などが，教材作成・活用の際に重要なのである。別言すれば，学習の必要性や楽しさを，授業を通じて浸透させることが生涯学習の基礎を培う土台であり，そのために，授業の導入・内容説明・発表の機会の設定等を巧みに織り込んだ教材が必要である。また，授業の方法として，一斉学習・小集団学習・個別学習あるいはグループ学習や補充・発展学習などにも配慮し，子どもの「学習の喜び」の保障を根底に置いた授業を念頭に置いた教材の作成・活用であることが期待されるのである。

③　子ども自身が取り組み「進歩・成就の喜び」を感じる「学習材」であること

　さらに重視しなければならないのは，「学習材」の活用である。子どもが授業で学習した内容を自分自身で確認し，発展させる喜びを体得させる「学習材」が生涯学習の基礎を培う機会として必要なのである。既定の時間内で学習が終了するという従来の慣習を超えて，子ども自身に取り組ませ，解決させるための「学習材」をどう工夫するかが，教師に問われてくる。「宿題」という方法について，戦後の授業では宿題を避ける風潮もあるが，子ども自身が取り組み「進歩・成就の喜び」を感じる「学習材」はどうしても欠かすことができない。

　特に，学習内容と日常生活と関連した内容，あるいは家族と楽しく読める「読書教材」の提供，社会科や理科学習との関連での地域関連資料の提供などは，子どもの学習への関心を高め，かけがえにない学習材ともいえる。「学習材」の作成・活用が生涯学習の基礎としての「学習」を成立させる核となるのである。

3　成人の学習と教材

　学校教育と違い，社会人としての成人期の学習は，各人が置かれた環境や成人期の年齢条件（成人初期・中期・後期の各段階）などにより，一様ではない。都市部・農村部の別や職業上の条件により，また，生活上の環境（結婚・独身，子どもの有無，家族構成等）により，学習の必要性は多様である。一般的にい

えば，①健康の管理と変化への適応，②職業生活上の課題，③家庭生活上の課題，④社会活動への参加，などという課題が直接的な学習対象となるだろう。

　健康上の課題は年齢・性別を問わず基本的な課題であるが，成人初期では就職先の知識・技術の向上，子どもの保育や教育等「子育て」の課題，中・後期では管理職としての諸課題の克服，家庭での高齢者の介護や地域貢献等の課題が押し寄せてくる。と同時に，これら諸課題と並行して，個々人の興味・関心に従って，特定の対象について学習したいという「生きがい追求」の欲求が生じてくる。

① 必要性からの学習と，個々人の興味・関心に応じた学習

　学習の内容は，大別すると2つに分けることができる。1つは，必要性からの学習といったもので，個人の意思には直接関与しないが，職業上あるいは生活上必要な学習である。具体的には職場での研修，職業替えのための技術・技能研修，生活上の不便を克服するための医療・介護・福祉や環境保全の知識，情報関連の技術などである。これらは，個々人が主体的に学習を欲するものとはいえないが，日常生活を円滑に過ごすためには必要なものであり，生涯学習の対象といえる。2つは，個々人の興味・関心に応じた学習であり，その範囲は人文・社会科学系・理工系・体育スポーツ系に及ぶし，これまで趣味・娯楽ととらえられていた分野（音楽・美術・華道・書道・舞踊など）まで含めて考えることができる。いずれにしても，成人期の個々人にとって，必要性あるいは興味・関心を満たすための学習（生涯学習）であることにちがいはない。

② 「フォーマル・ノンフォーマル・インフォーマル・自己学習」（D. Mockerほか）の4つの学習方法

　「フォーマル」とは学校教育のように，学習目的・内容が確立されており，成人の場合は，一度学校教育を修了した者が，必要に応じ大学や専門学校に戻って資格や専門を再学習する方法（リカレント教育）が主流である。通信制大学も普及しており，例えば，教員免許を取得することを目標に，働きつつ学習できる制度も確立しており，成人の学習の機会として一般化している。

　これに対して「ノンフォーマル」の学習とは，厳格な規制・形態はとらない

もので，①公的な社会教育施設（公民館や図書館・博物館・体育施設）などでの講習会・講演会など，②民間が開設する各種講座や講習会など（新聞社・デパート・民間各種団体），である。なお，企業内研修は，多様な形態・内容をもっているが，ノンフォーマルな学習に含めてとらえるのが適当であろう。

「インフォーマル」な学習とは，特定の目的はないが，対話や映像や図書などから間接的に学び取る方法であり，「自己学習」は，特定の個人が興味・関心に応じ，あるいは必要性を感じて，独自に学習する方法である。

③ 生涯学習が自己にとって有意義なものであり，生き方を豊かにするもの

人間の生活全体を考えると，個々人が決定する自由な時間はきわめて膨大である。例えば，20歳から60歳まで働き，80歳まで生存したと仮定すると（労働時間は1日8時間・週40時間＝ILOの目指す基本労働時間），1日に換算して，およそ35％の時間は個々人が自由に決定できる時間である（食事・睡眠等を除く）。その時間を体の休息・心の休息・自己開発に使うことが一般的であるが，人間の豊かな生き方として，自己開発により多くの時間を割くことが，生き方の充実に役立つことは，マズロー・A・Hの「欲求の5段階説」（生理的欲求・安全の欲求・所属と愛の欲求・承認の欲求・自己実現の欲求）の最終段階である自己実現や，アリストテレスの余暇の活用のうち，「体の休息・心の休息」以上に学習を含めた自己実現が人間として重要である（「ニコマコス倫理学」）という諸説からも明らかである。

と同時に，もう1つの重要な側面は，職業上あるいは学習により自身が習得した経験を他に対して活用することであり，教育基本法でいう「成果を適切に生かすこと」が生涯学習の重要な要素であることを念頭に置かなければならない。具体的には，個々人の習得した知識や技術を地域や住民に役立てることが欠かせないのである。例えば，学校教育支援ということが，現在の重要な課題になっているが，積極的にそれらの事業に参加し，子どもの授業や放課後の学習や遊びの支援，あるいは高齢者介護や障碍者支援などに参加することが求められている。それらの活動は，ボランティアの性格をもつものではあるが，支援者自身の「他に役立つ喜び」なのである。

④ 学習者自身が「学習材」を選択することが主流になる

　自己の学習対象に応じて，資料を選択し，学習し，活動することである。今日では，学習に必要な情報は限りなく多く，学習者が教材をどう選択するかという力が問われることになる。もちろん，「フォーマル」な形態では目的・方法が決まっており，選択した教育機関が教材を提供するだろうし，「ノンフォーマル」な学習でも，機関・団体が設定した研修の場では，教材はテーマに応じてあらかじめ準備されるはずである。ただ，最も期待される「自己学習」の形態では，自分自身による教材選択がきわめて重要である。図書・視聴覚教材・デジタル教材など多様な学習材が存在しており，自己の選択力を磨き，あるいは先輩・隣人・専門機関等を活用して，適切な教材を選択し，学習する習慣を身に付ける必要がある。そのためにも，日常の生活を通じて，各種「学習材」の存在や活用の可能性に配慮しておくことが重要であろう。

4　幼児及び高齢者の学習と教材

(1)　幼児の学習と教材

　人は親の愛情の下に，乳児期を経て幼児期に至り，5歳児までに多くの経験を積みながら成長してゆく。幼児たちを発達させるのは「環境」であり，自然・人・ものとの関係の中で，主として「遊び」を通じて，身体・言語を成長させ，自然や人々との関係を身に付けてゆく。「遊び」は，時間・空間的に自由であり，がっしりした構造をもつ学習からは自由であり，人々との交流からも許容範囲が弱いものであるが，そのような環境の中で成長してゆくのである。

　乳児から5歳児までを対象にした保育所（厚生労働省所管）と3歳児以上を対象にした幼稚園（文部科学省所管）が設置されている。この2つの所管の異なる施設の存在は，子どもにとって不合理ではないかという声が大きく，「幼・保一元化」の要請が戦後長期にわたって論議されてきたが，現状では今日でもこの制度は継続されている。ただ，近年再び一元化の要請が強まり，「認定こども園」が制定され（2006年），幼稚園での延長保育，保育所での教育的要素の付与を併せて行うことが可能になった。所管は内閣府子ども子育て本部とされ，

第13章　生涯学習と教材

都道府県知事に設置・認可の権限が与えられている（2010年現在532園）。このような状態で，すべての乳幼児について触れるには無理があるので，3歳児以上を対象とした幼稚園児の保育・教育について，教材との関連について述べる。

① **生涯学習の基礎を培う観点から，「良好な環境整備」が求められる**

　学校教育法第22条の規定をみると，「幼稚園は，義務教育及びその後の教育の基礎を培うものとして，幼児の健やかな成長のために適当な環境を与え，その心身の発達を助長する」という目的が明示され，その後の学校教育との連携が期待されている。また，教育基本法でも，その第11条に「幼児期の教育は，生涯にわたる人格形成の基礎を培う重要なものであることにかんがみ，国及び地方公共団体は，幼児の健やかな成長に資する良好な環境の整備その他適当な方法によって，その振興に努めなければばらない。」とも記され，生涯学習の基礎を培うという観点で，子どもを保育・教育するために，国や地方公共団体に「良好な環境整備」を行うことを求めている。

　そこで，子どもの健やかな成長・発達を促す環境や遊びを基本としつつ，教育機関であるという位置付けの中で，どのように子どもの生活や学習を規定しているのかについて，具体的に検討しておこう。

② **幼児の成長・発達を促す環境や遊びを基本とする教材・教具**

　幼稚園教育については，国は指導指針（「幼稚園教育要領」）を作成している。2008年度制定の指導指針では，まず，幼稚園教育は「環境を通して行うものである」という大前提が置かれ，「幼児期にふさわしい生活が展開されるようにすること」「遊びを通しての指導を中心とし，（5つの領域に）示すねらいが総合的に達成されるようにすること」「幼児一人一人の特性に応じ，発達の課題に即した指導を行うようにすること」が求められている。

　幼児の日常的な指導については教員に任されているが，指導に当たって特に重要なのは，幼児の総合的・調和的発達についての5領域が示されていることである。それを列挙すると，（1）心身の健康に関する領域「健康」，（2）人とのかかわりに関する領域「人間関係」，（3）身近な環境とのかかわりに関する領域「環境」，（4）言葉の獲得に関する領域「言葉」，（5）感性と表現に関する領

域「表現」, ということになる。教員はこの5領域をしっかりと自覚し, しかも子どもの成長・発達レベルと個々人の特性を見分け, 子どもに適した指導を行うことが期待されているのである。

　教材という観点からは外れるが, まず子どもの成長・発達に適した自然環境が大きく浮上する。設置場所として, 子どもが自然豊かな環境の下で, のびのびと, 自由に遊べる場が期待されるが, 特に広い空間が確保されなくても「遊び」に必要な環境（道具), 具体的には「水の遊び・砂や土や石の遊び, 風や木の遊び」などを確保し, 子どもの成長・発達に役立てることが基本とされる。

【5領域と教材・教具】
・健康＝体育教材・教具, 健康や安全に関する教材・教具, 生活習慣形成に関する教材・教具
・人間関係＝集団生活や社会認識に関する教材・教具,
・環境＝自然認識（数・量・形を含む）及び動植物の飼育・栽培に関する教材・教具
・言葉＝日常生活に適応する言語教材や言語に関する教材・教具（絵本・紙芝居・視聴覚教材）など
・表現＝美的情操に関する歌・曲・絵や図画・工作等の教材・教具

　上述の教材・教具を年齢段階（年少・年中・年長組）や子どもの特性に配慮して準備し, 適切な時間を配置して育成を図ることになる。大切なことは, 幼児教育はそれだけで完結するものではなく, あくまで, 次の義務教育の準備段階への架け橋であり, 小学校との連携・協力を仰ぎながら, 5つの領域を含めた調和的発達を目指すことである。

　以上のように, 幼児の教育・保育に関しては, 狭い意味での「教材」に限定するのではなく, 広い意味での環境や教材・教具を含めてとらえるのが適切であろう。

　なお, 指導に当たっては, 単に子どもに教材を与えるだけ, あるいは教員による指導だけではなく, 子どもたち自身が5領域それぞれの教材・教具を活用して, 新しい発見や体験による驚きや喜びを体得させること, 父母との交流を図り幼稚園の教育目標や取組みの実態を認識し, 協力してもらうこと, 後に続

く小学校での学びへの期待と習慣を育てることなどを挙げることができる。その意味で，教員の指導観及び指導方法（生涯学習の基礎の基礎を培う）が問われることになる。

(2) 高齢者の学習と教材

人口の減少とそのなかでの少子・高齢社会の到来は，必然的に生産年齢人口の減少をもたらすことになり，今後の我が国の在り方全体にかかわる最重要の課題である。特に，65歳以上の高齢者の総人口に占める比率は既に25％（2013年）を超え，2020年には29.1％，2035年には33.4％に達すると予測されている。つまり，国民の3人に1人は高齢者であるという時代が到来するのである。WHO（世界保健機構）の規定によれば，かつて体験したことのない「超高齢社会」に突入し，さらにその度合いは深刻化の道を辿るということである。しかも，地域間の格差も増大し，2040年には，人口1万人以下となる市町村は600以上になり（1741全市町村のうち），これら小規模市町村での高齢者率はさらに高いとの予測もある（国立社会保障・人口問題研究所）。

このような状況の中で，高齢者の職業生活後の人生をいかに保障するかは，従来の観点からの社会福祉・医療介護重視の発想では克服できないことは明らかであり，発想の転換が必要なのである。可能な限り健康を保持しつつ，社会貢献に携わりながら，いかに心豊かに人生を送ることができるかの別の道を探し出す，そのような社会をどう構築するかが問われているといえよう。

そこで，高齢者の置かれている現状から改めてその課題を考えると，何よりも自身の健康を保持することが求められる。これを含め，R・ハビガーストの「発達課題」（1995年）によれば，次の6つの課題が挙げられている。

　①肉体的な力と健康の衰退に適応すること
　②引退と収入の減少に適応すること
　③配偶者の死に適応すること
　④自分の年ごろの人々と明るい親密な関係を結ぶこと
　⑤社会的・市民的義務を引き受けること
　⑥肉体的な生活を満足に送れるように準備すること

これらは，高齢者の段階になって生じる年齢的・社会的課題を整理したものであり，当然，高齢者個々人が念頭に置き，生活設計を立てなければならないものであるが，それらの課題のうち，特に「肉体的な力や健康に配慮しつつ生活の満足感への準備を行う」ことは，本章でいう「生涯学習」の基本理念（生きがい）にかかわるものであり，下記の2つに集約して考えることができる。

> ①　興味・関心ある課題に取り組み（健康を含め）「進歩・成就の喜び」を得ること
> ②　各人がもつ特性を地域社会が求める各種活動に生かし（社会貢献），「他に役立つ喜び」を感じ取ること

　高齢者は成人期と同様に，高齢者なりの生きがいを生み出すことが可能であり，そうすることが今後の社会に不可欠なのである。
　高齢者は，一般的には体力のみならず，知力の減退がみられるといわれているが，キャッテル・ホーン（Cattell. R, Horn, J）の「流動性知力と結晶性知力」の理論によれば，記憶や計算など，瞬発力は減退するが，判断力や理解力など経験にかかわる結晶性知力は50歳代ごろまで低下しにくく，高齢期になっても上昇する可能性があるとされている。そこで，これまで蓄積した専門性を生かす事業，家庭・地域での諸活動，保育や教育の補助活動，同世代の病弱高齢者の介護・補助活動を通して，一般成人の負担を軽減する役割を果たすことが期待される社会が到来しているのである。
　ただ，問題は，いまだに高齢者個々人の特性や潜在的な能力を引き出し，生かすシステムが十分出来上がっていないことであり，また，高齢者の力を生かすための財政的支援（無償のボランティアでなく交通費・若干の謝金等の支払い）が不十分であるという課題が残っている。「高齢者が参加しやすいシステムづくり」が，今後の社会を安定させ，機能させる上で，欠かせないものではなかろうか。
　近年では，地域の中核として，活動してもらうことを目標にした「高齢者大学」など高齢者を対象とした学習の場を設け，かなり高度の学習を展開しているところも多い。例えば，東京都S区の「杉の樹カレッジ」（2002年設立）を事

第13章　生涯学習と教材

例にとってみると，ここでは60歳以上の区民を対象に，「S区を知る＝S区の野鳥・福祉対策・ゆかりの文人など」「文芸教養＝暮らしの中の数学・これからのエネルギー・話し言葉の移り変わり・日本人の心・未来の農業を考える・外国を知ろう・漢方薬の基礎と応用など」「これからのライフスタイル＝豊かさ満開の人生プラン・先端技術館見学・日本の財政問題・異世代交流・防災体験・ボランティアへの第一歩など」を開講しており，また，専科講座として「江戸文化を学ぶ」を選択して学ぶようになっている。

　結論として，高齢者の生涯学習と教材との関係という視点でいえば，「成人の学習と教材」に示した内容・方法と本質的に変わりはないが，「高齢者であるための」のハビガーストの課題及びキャッテル・ホーンの学習力の特性に配慮したもの，特に，高齢者の年齢的特性（前期あるいは後期高齢者の別），あるいは肉体的状態に配慮したものでなくてはならないことである。具体的には，図書教材であれば「活字の大きさ」，デジタル教材であれば「活用上の容易さ」などが考慮されなければならないし，行動や活動範囲が限定されてくるといった状況などに配慮した教材でなければならない。しかし，生涯学習時代の「高齢者」の学習については，まだ，十分な分析・検討が行われていない状況であり，今後の研究が期待される。

（川野辺　敏）

〈参考文献〉
新井郁男編『現代のエスプリ・ラーニングソサエティ』至文堂，1979年
川野辺敏編著『生涯学習の課題』ぎょうせい，1994年
川野辺敏監修『生涯学習・日本と世界』（全2巻）エムテイ出版，1995年
川野辺敏・山本慶祐編著『生涯学習論』福村出版，1999年
田中雅文著『現代生涯学習の展開』学文社，2003年
日本教材学会編『教材事典』東京堂出版，2013年

第14章 教材の開発・活用

1 はじめに

一口に「教材」といっても「汎用的な教材—教科書準拠の教材—教師オリジナルの教材」「興味喚起目的—指導目的—支援目的—評価目的」「系統的な教材—学習支援的な教材」「言語的教材—映像的教材—体験的教材」「個別学習—協働学習—一斉指導」「授業内—授業外」など，意図や場面により，教材の開発・活用の方法は異なる。

本章では，教師が授業設計や学習活動設計に沿って自作する教材の開発・活用について扱うことを中心に，その方法と課題について概説する。

2 教材開発・活用の方法

教科書準拠の教材，教師オリジナルの教材，いずれの場合においても教師が自作の教材を開発・活用する場合，PDCAサイクルに沿って以下の4つのプロセスを踏む。

(1) 教材内容・メディアについての研究（教材研究第1段階）

「教材内容（＝指導したい内容）」を純粋に学問的・時事的・分析的・総合的・多角的にその本質を整理・検討し，教師がその内容について明確な「メッセージ」をもたせ，学習者に求める「目標」や学びの在り方を検討する。そのためには，①内容（及び背景）の十分な理解，多様な解釈，②（教材となり得る）素材・事例集め，③教材内容の整理，構造分析（必要に応じて「再構築」）を行う。その際，教師自身が教材内容への興味・関心を深めることが大切である。

同時に，どのようなメディアを使うのかといった「メディア活用の研究と選

択」も検討する。そのためには，あらかじめ，黒板をはじめとした主要なメディアの活用に関する基礎知識や技能を身に付け，学校内の学習環境・メディアの特性や使い方，授業における活用法を理解しておく必要がある。

なお，「メディア」とは，「媒介するもの」であり，言語・映像などの「心理的道具」，黒板・印刷物・テレビなどの「（装置としての）技術的道具」，空間・輸送・電気通信・インターネットなどの「（流通手段としての）技術的道具」の使い分け方を検討する必要がある。例えば，教室空間では主に，「提示教材」（情報提示目的，情報共有目的），「配布教材」（個別化目的）があるが，今後は，実物投影機，電子黒板，タブレットなどのICT活用も視野に入れる必要がある。その他，特別教室（施設・設備）の活用，学校図書館の活用，パソコン教室の活用なども含まれる。

(2) 教材内容の「教材化」と教材開発（教材研究第2段階）

「教材内容」と「学習者」をどのように向き合わせるか，その「手だて」を検討する。「手だて」には，①教材の工夫（＝「教材化」），②指導過程の工夫があり，目標や授業全体の構想に沿って具体化していく。

以下，「教材化」についてのポイントを説明する。

① 教科・教材内容の特質・目標・指導過程・指導形態などとの関係

同じ教材内容でも教科，目標，指導過程や指導形態の選択次第で学習効果は違ってくる。例えば，「指導過程」において「学習活動」をどのように組織するかで，以下のような組み合わせが考えられる。

・体験活動・視聴覚的活動
　――様々な体験・経験を言語ベースの知識へ変換するための教材
　（例）課題・視聴覚教材・ワークシート・手引き・実習ノート・自己評価シートなど
・説明
　――個人的に構成された知識を系統立て社会的文脈へ適応させるための教材
　（例）テキスト・補助資料・穴埋めプリント・テスト・板書など
・問題解決・プロジェクト学習
　――習得した知識・技能を生かした総合的活動・創造的活動を支援する教材

> （例）課題・指示・板書・ワークシートなど

　そのほかに，教科固有の指導法や教材研究法，教科書（正式には「教科用図書」）についての研究も大切である。なお，教科書を使用することについては法律（学校教育法第34条など）で定められていることに留意したい。

② **学習者との関係**

　学習者に，教材内容へ興味・関心をもたせたり，授業へどのように参加を促したりするかを検討する。これには，「全体的な問題」（全員に伝達する・習得させる内容，つまずきとその有効な指導法の研究など）と，「個別的問題」（いわゆる「個人差」のことで，数値的に把握できる「量的個人差」と認知特性や学習特性など「質的個人差」に大きく分けられる）への対応を併せて検討する必要がある。

　具体的な対応策として，計画段階においては学習者の実態把握（知識，興味・関心，生活経験など），実施段階においては教材と学習者の相性の把握（意欲的な面・消極的な面，「つまずき」など），評価段階においては，観察記録，テスト，学習者の記録物といった様々な測定・評価結果を照らし合わせながらの教材の効果分析と改善，がある。なお，各段階で得た情報を「教材ポートフォリオ」として蓄積することが望まれる。

③ **教材内容の「教材化」**

　①，②の検討を踏まえて，素材・事例集め，教材解釈・分析，「教材提示方略」を検討し，「教材化」を図る。

　a. 活用目的の明確化

　　教材活用の目的としては，興味喚起目的，情報伝達・共有目的，思考促進目的，学習の定着・習得目的，学習支援目的，学習者の実態把握目的（主に診断的評価，形成的評価）などが考えられるが，教材ごとにその活用目的を明確にする。

　b. 「教材提示方略」の研究

　　授業や学習活動においては，先述の活用目的に合わせて教材を複数用意し

ておくのが一般的である。その際,「教材提示方略」, つまりどのように教材を提示していくのか,「教材ごとの方略」「授業展開に沿った方略」の2点から検討することが必要となる。

「教材ごとの方略」については, 各教材の活用に際して, 課題, 発問, 指示, 提示タイミング, 学習者のかかわり具合などの要素がある。

一方,「授業展開に沿った方略」については, 各教材の組み合わせ, 順序や提示タイミングがあり,「系統的アプローチ」(教師主導の展開)を採るのか,「問題解決的アプローチ」(基本的には提示された教材・課題を通して「問題点」を指摘させ, 学習者の手で解決・工夫させること)を採るのかで, その方略を検討する。なお, 後者のアプローチの場合, 学習者の取り組み状況から教材研究のヒントになる場合が多い。

c. 情報デザインの工夫

些細なことであるが, 配布教材については, デザインに統一感をもたせてファイリングを容易にしたり, メモ欄を設けたりするなどして, 教材そのものに学習機能をもたせる工夫も必要である。

(3) **実践による検証**（教材研究第3段階）

「教材」を授業実践や学習場面で検証し, 学習者にうまく教材内容が受け入れられたかどうかの検証を通して,「教材内容」—「学習者」の関係に「教材」がきちんと機能したかどうかを評価・改善する。評価・改善のためには, テスト, 学習者の記録物などのエビデンスも集めておくことや, 授業での学習者との相性を評価し, そのつどメモなどを残しておくことが大切である。

(4) **授業後の評価・改善**（教材研究第4段階）

実践で集めたデータの分析を踏まえ, 次回に備えて教材の評価・改善と蓄積を行う。なお, 教材開発・活用においては, 常にアンテナを張っておいて教材となりうる資料や「素材」「事例」を収集することを心がけること, また, 他者の開発した教材を活用する際には, 指導案など関連情報も併せて情報収集し, 学習者の実態に合わせて手直しして活用することがポイントである。

現在はインターネットを介した教材提供の場もあるので, 収集するだけでは

なく自らの開発した教材を公開し，交流することも必要であり，そのための環境整備も進めていく必要がある。

最近の傾向として，「資料」という形で提供できる教材のほかにも，課題や指示・自己評価などにより，学習者が能動的に学ぶための「仕掛け」のみで構成される授業も現れている。その際の「仕掛け」も教材に含めるのかについては今後の検討課題である。

3　学習者の学びを促進する教材の開発・活用

本節では，学習者の学びを促進する教材として，「ワークシート」「評価用教材」「自己評価シート」を中心にその教材の特質と開発方法について概説する。

(1)　ワークシートの開発・活用──自発的な学びを促進する

ワークシートについては，授業における教師の説明を補完する道具，経験から得られたことを言葉や図・表に変換する道具，自らのスキルを分析したり自らの考えをまとめたり，振り返ったりする自己評価の道具，協働学習における学習活動の共有や記録の道具など様々な形で活用される。

ワークシートの作成に当たっては，シートに掲載する内容にどのような教育的意図をもたせるか，指導においてどのように系統立てて提示し，学習に役立たせるかを意識する必要がある。

なお，認知領域において，ワークシート作成の1つの指標として参考になる

表14-1　タキソノミーテーブル

知識次元	認知過程の次元					
	①記憶	②理解	③応用	④分析	⑤評価	⑥創造
事実的認識						
概念的知識						
遂行的知識						
メタ認知的知識						

のが，ブルーム「教育目標分類学」の「認知領域」についての改訂版（Anderson, L. W.ほか）である。これは，「知識次元」（事実的知識，概念的知識，遂行的知識，メタ認知的知識）と「認知過程の次元」（記憶，理解，応用，分析，評価，創造）の二次元で表される（**表14-1**）。本来は，教育目標設定を念頭に置いているものの，ワークシートを作成する際に，記載内容の教育的意図をチェックしたり，項目を系統立てて配置したりするには有効である。

(2) **評価用教材の開発・活用**──「真正（authentic）の評価」への対応

評価の方法は，選択回答式，自由記述式，実技テストなど多様であり，目標

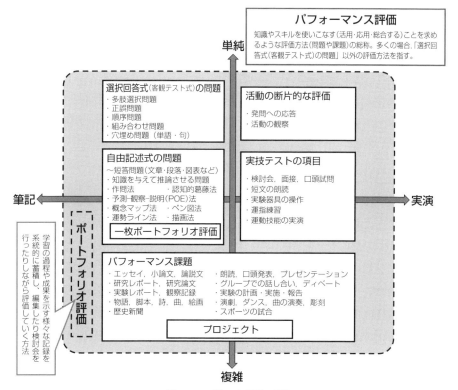

図14-1　様々な評価手法

（西岡加名恵・田中耕治編著『「活用する力」を育てる授業と評価・中学校』学事出版，2009年，p.9の図を一部改訂）

や教育的意図に沿って開発・活用することが求められる。

現在，学習者の状態を的確に把握する「真正（authentic）の評価」への対応が求められている。そのため，多面的な評価用教材を用いてデータを集めて分析し，評価することが求められており，「パフォーマンス評価」「ポートフォリオ評価」といった手法を取り入れることも必要である（図14-1）。

また，自由記述式の問題や実技テスト，作品といった質的なデータについては，「チェックリスト」や「ルーブリック」（成功の度合いを示す数レベル程度の尺度（図14-2）と，それぞれのレベルに対応するパフォーマンスの特徴を示した記述語（評価規準）からなる評価基準表）を作成し，できるだけ客観的かつ数値的に評価する工夫も求められている。

項目＼尺度	Ⅳ	Ⅲ	Ⅱ	Ⅰ
結果を比較する	違いが2つ以上指摘でき，理由も説明できる	違いが2つ以上指摘できる	違いが1つ指摘できる	違いが指摘できない

記述語

図14-2　ルーブリックのイメージ

(3) 自己評価シートの開発・活用──自己評価能力の育成

自己評価とは，自分の活動を点検・評価し，調整・改善していくことであるが，実際，自己評価には「自己肯定力」（自分には学習を遂行する能力があるとする自信ともいえる意識をもつ），「自己調整力」（自己評価の結果に基づき，自分が当面する課題は何かをはっきりと認識し，それに向かって新たな意欲を奮い起こす）という2つの側面があり，学習者がどちらの側面で自己を評価しているかを見極める必要がある。

また，自己評価において重要となるのが「メタ認知能力」の育成である。「メタ認知能力」とは，認知を高次の次元で俯瞰的に認知することであり，人間が自分自身を認識する場合において，自分の思考や行動そのものを対象として客観的に把握し認識する能力を指す。そのためには，自己評価において「メタ認知的知識」を自らが蓄え，状況に合わせてモニタリング・コントロールできる

第14章　教材の開発・活用

状態にしておくことが求められる。

自己評価の方法については，ワークシートに自己評価欄を設けることもあるが，系統立てて自己評価能力を図る場合には専用の「自己評価シート」を作成することも考えられ，それには以下の要素を取り込むことが大切である。

- 学習記録による自己評価
  ——自己の体験活動，思考活動を言語化し，「メタ認知的知識」の形成を図る。
- 対話，客観的評価基準（チェックリストなど）に基づく自己評価
  ——自らの評価だけでは補えない「メタ認知的知識」を拡充する。
- 認識の変容を意識した自己評価
  ——自分が下した判断について変容や根拠を説明させて「メタ認知」の能力を高める。

理解のレベル	学力	メタ認知の役割	自己質問	具体例
A. 学習内容を理解する	基礎学力の獲得	わからないところに気づく	自分の学習が不十分なところはどこか	GDPとは何か
B. 学習内容を構造化する	基礎学力の定着	学習の大切なところに気づく	授業で大切なところはどこか	なぜヨーロッパの国々はEUを作ったのか
C. 学習内容を応用する	基礎学力の深化（思考力）	学習したことを応用できる	授業で学習したことでどのような新しい問題が解けるようになるか	なぜ日本とマレーシアは自由貿易協定(FTA)を結ぶのか

タイプC　年　組　番　なまえ

1：自分に質問しよう！
建武の新政はどのような所が悪かったのか，改善点もふまえ自分の意見として答えなさい。

2：質問を聞こう！
結局，恩賞をもらえなかった武家や，税金をとられた一般の者たちからの不満が多かった。もう少し平等に考え，幕府を滅ぼした武家にはきちんと恩賞を与えることや税金のムダ使いをひかえるとよかった。

3：その質問にしたのはどうして！
後醍醐天皇の行った政治のどこが悪かったのか見直すことが必要だ。

図14-3　自己質問でメタ認知能力を高める工夫（湯浅，2009）

4　マルチメディアを利用した教材の開発・活用

(1) マルチメディアとは

マルチメディアとは，「音声，文字，映像などで表された情報を学習者又は指導者が必要に応じて選択し，関係付け，活用できる融合型のメディア又は技法」のことであり，教材開発の点において，①コンピュータにおける多様な表現形

式の一元化（数値，文字，音声，映像，動画…），②リンク機能による「ユーザコントロール」の向上，③画像・動画編集ソフト，プレゼンテーションソフトなど各種オーサリングソフトによる教材の自作が可能，がポイントとなる。

(2) ICT活用とマルチメディア

現在，マルチメディアはインターネットや電子黒板，タブレットといったICT活用を前提としているが，教材開発・活用で留意すべき点は，言語・映像といった「心理的道具」の特性と，電子黒板・タブレット・インターネットといった「技術的道具」の特性とを区別した上で，両者の統合を図る必要がある。

① 「心理的道具」に着目

本来の「マルチメディア」はこの「心理的道具」のことを指す。具体的には，文字，音声，映像，動画といった記号を教材内容や学習者の特性に合わせてどう組み合わせて提示していくかということを検討する。

② 「技術的道具」に着目

ICTについてはインタフェースのユーザビリティが向上し，多くの教師や学習者が，ある程度操作方法を習得すればだれもが使えるようになった。しかし，ノートや黒板が廃れるのではなく，電子黒板であれば，拡大機能，記録機能，プレゼンテーションソフトを使った事前準備の簡便化など，タブレットであれば，グループ学習での交流や写真による記録など，これまで取組みが不十分だった場面での活用が期待されている。

なお，現在，デジタル教科書等の教材も開発されつつあるが，統一した「ビューア」の開発や書き込み機能や付箋を貼るなどの機能，すなわち「アノテーション機能」の充実を図るなどの課題があり，現在開発途上である。

③ 「インストラクショナルデザイン」に着目

教師が授業で活用する場合と，e-learningに代表される個別学習で活用する場合とでは，その教材の開発の方法が異なる。そこで，注目されているのが「インストラクショナルデザイン」である。従来の授業設計，学習プログラム開発をも含め，教材を組織化し，学習者へ提供するためのしっかりとした教材・授業設計方法についても習得し，活用できるようにする。

5 教材の評価・改善の方法

教材の評価・改善方法には「仮説検証型」と「仮説生成型」がある。前者は学習目標に対して個々の学習者がどれだけ達成できたかを，心理学研究の手法を援用してその効果を測定して，教材評価を実施しようとする立場である。

後者は前者の意図を汲みつつも，指導時に把握した学習者の反応や，指導者が直感的にとらえた手応えなどの副次的な効果をも含めて，教材そのものの成長を図ろうとする立場である。また，「教材評価」は常に形成的評価の立場を取り，よりよい教材の在り方を探り，教材の成長を図ることが求められる。

教材は授業における教師の価値基準で，ベースとなる教材内容を，「資料」（＝狭義の教材）や子どもたちに思考・判断・表現させるための手段（発問・ワークシートなど）を含めて考える必要がある（＝広義の教材）。特に，教材は子どもの実態に即し，その選択・提示の在り方については，授業を通して再構成が繰り返されるのである。

6 教材開発・活用と著作権

教材の開発・活用においてすべての素材を自ら取材し，創作するのであれば問題はないが，多くの場合，既存の「著作物」を利用して教材を開発・活用することになる。その際に知っておかなければならないのが「著作権」についてである。以下，教材開発・活用に関して必要な事項を概説する。

(1) 著作権とは

著作権法における著作権の構造を以下に示す。

(最広義の) 著作権 (＝著作権法で保護される権利)
○著作隣接権—著作物の公衆への伝達に重要な役割を果たしている者に与えられる権利 (実演家，レコード製作者，放送事業者及び有線放送事業者など)
○ (広義の) 著作権 (＝著作者の権利)
　(狭義の) 著作権—個人の財産の利用・保護 (複製権，頒布・公衆送信権，翻案権など)
　著作者人格権—個人の名誉等の保護 (公表権，氏名表示権，同一性保持権)

なお，著作物とは「思想又は感情を創作的に表現したものであつて，文芸，学術，美術，又は音楽の範囲に属するものをいう」（著作権法第2条1）と定義されており，ここにはアイデアなど具現化されていないものは含まれないので注意が必要である。

　また，著作権の発生に関しては，著作権は著作物すべてに自然に発生する権利（「無方式主義」という）であり，だれにでも有する権利である。したがって，児童生徒の作品も著作物であり，特に「著作者人格権」について，教室に掲示するかどうかや発表するかなどの公表権，実名かペンネームか匿名かを選べる氏名表示権，勝手に書き換えないといった同一性保持権には日常的な配慮が求められる。

(2) 著作権の制限

　通常，著作物を使用する場合，著作者あるいは著作権者に許可を得て，必要に応じて著作権料を支払うことになる。しかし，著作権法では，以下の場合について暗黙のルールを守ることで，著作物を著作者の許諾なしに利用できる。これを「著作権の制限」という。

- 私的使用のための複製（第30条）
- 図書館等における複製等（第31条）
- 引用（32条）
- 教科用図書等への掲載（第33条）
- 教科用拡大図書等の作成のための複製等（第33条の2）
- 学校教育番組の放送等（第34条）
- 学校その他の教育機関での複製等（第35条）
- 試験問題としての複製等（第36条）
- 営利を目的としない上演等（第38条）　など

---

(3) 教材開発・活用と著作権

　教材開発・活用においては，著作権法第35条において「学校その他の教育機関での複製等」が定められている。その条件として以下が掲げられている。

> ①営利を目的としない教育機関
> ②授業を担当する教員が複製すること
> ③本人の授業で使用すること
> ④複製は授業で必要な限度内の部数であること
> ⑤既に公表された著作物であること
> ⑥その著作物の種類や用途などから判断して，著作権者の利益を不当に害しないこと
> ⑦原則として著作物の題名，著作者などの「出所の明示」をすること

そのうち，「⑥その著作物の種類や用途などから判断して，著作権者の利益を不当に害しないこと」について，市販されている資料集・問題集・ワークブックなどの教材についてはこれに該当し，無断での利用は禁止されていることに留意する必要がある。また，Webサイトへの公開については，不特定多数の者が閲覧することが可能なため，たとえ教育目的であっても「学校その他の教育機関での複製等」には該当しない。

評価用教材の開発・活用においては，著作権法第36条において「試験問題としての複製等」が定められている。著作物からの引用の際においては「同一性保持権」を配慮して「最低限度の改変」（例：漢字をひらがなで表す，穴埋めのために（ ）で表す，省略においては作者の意図を配慮する，など）にとどめる必要がある。

7 今後の教材開発・活用

今後，協働学習やアクティブ・ラーニングといった学習活動を取り込むことが求められ，新たな教材開発の手法を検討する必要がある。そのような教材を開発するに当たっては，以下の点に留意する必要がある。

① 学習者の主体性に「期待する」のではなく「育成する」意識をもつこと
② 教師自身が教材内容を深く理解し，学びを誘発する状況を生み出し，道筋を組織化すること。そこから「習得（＝教師主導の授業展開）」，「習得した知識・技能の活用（＝学習者の主体性の育成）」を明確にすること
③ 学習者が学習活動を進める上での到達目標や教師の支援策を綿密に計画

し，意欲や困難を引き出す様々な「しかけ」を用意すること
④ 「手引書」「ワークシート」「評価シート」といった教材を系統立てて提供し，学習活動を円滑に進めさせるとともに，学習者の学習・経験を自ら評価し組織化する機会，学習活動の遂行に当たり各々の生徒が不足している知識・技能を補う機会を与えること（＝「知識の個人的構成」）
⑤ （まとめの段階で）個人やグループで築き上げた知識を系統立てて社会的文脈に適合させたり，解決方法や成果を評価させたりする機会を与えること（＝「知識の社会的構成」，「スキルや解決手段の評価・改善」）
⑥ 協働学習を可能とするためのグループをうまく組織し，行動が円滑に進められるように指導・支援すること
⑦ 授業では学習者あるいはグループが「自分（たち）のこと」としてとらえて積極的に取り組み，最後までやりとおせるように指導・支援すること
⑧ 常に授業評価と改善を怠らないこと

　また，教師は試行錯誤と実践への省察を繰り返しつつ，教材研究，教材開発・活用に関する独自の基本モデルを構築していると考える。今後は，各々の教師がもつ基本モデルをどう共有し，教材の質を高めていくかも重要になる。

（仲　久徳）

〈参考文献〉
湯澤正通「自己質問作成による活用力の向上」吉田甫，エリック・ディコルテ（編著）『子どもの論理を活かす授業づくり：デザイン実験の教育実践心理学』北大路書房，2009年
日本教材学会編『教材事典―教材研究の理論と実践』東京堂出版，2013年

第15章　これからの教育と教材

1　2つの問題

(1)　既に始まっている大変革——あらゆる分野での飛躍的な改革・革新

あと10年から20年の間に，労働者の47％の仕事がAI：人工知能に支えられた技術にとって代わられるかもしれない。そんな研究が，オックスフォード大学のマーティン・スクールから2013年秋に発表された。フライとオズボーンという先生の「雇用の将来：コンピュータ化によって仕事はどのくらい脅かされるのか」という論文である。それが今議論を起こしている。

10年前，携帯電話は，まだ基本的に電話だった。しかし今，だれもが手にするスマホは，電話というよりカメラ付きパソコンである。しかもそれは常時ネットにつながり，乗車券にも，お財布にもなる。スマホを手にせずに家を出ることなど考えられない，というより出られない。

同じく10数年ほど前に，ソニーから犬型ロボット・AIBOが発売された。その頃は，だれもがオモチャだと思っていた。だがそうではなかった。今からみれば，確かにその機能は多彩ではない。だがロボットは心をもてるかどうかといった議論は，むしろ陳腐である。心とは，もっているかどうかではなく，相手に感じられるかどうかだからである。AIBOは，小さいながら，立派にその役目を果たした。

さらに同じく10数年前に3Dプリンターが発売されたとき，だれもが少し変わった特別なプリンターくらいにしか思わなかった。小さな，プラスティックのフィギュアを作り出せるくらいだろうと思っていた。それも高額で，個人が持つものではないと思った。だが，あっという間に安くなったばかりか，その秘められた可能性が明らかになった。人間の臓器も，車1台まるごとも，材料

によっては実用的な武器すら作り出す。これが普及すれば、特殊なもの以外の町工場レベルのものなら、何でも作り出せるかもしれない。

自動運転のクルマも、ずっと未来の話だと思っていた。だがもう既に、公道を走る社会実験も始まっている。技術的には、もはや実用の段

図15-1 日産の、ハイウェイから一般道までの自動運転が可能な実験車両
（日産自動車提供）

階に達しており、今はむしろそれを取り巻く、法的・インフラ的な整備の段階に入っている。自動運転のクルマが走るようになれば、社会への影響は計り知れない。

21世紀に入って15年。これからさらに、様々なビッグデータを活用して、医療・物流・製造・教育・農業といった、あらゆる分野で飛躍的な改革が進んでいく。それは、産業革命をはるかにしのぐともいわれる。私たちは、そうした予測を超えたこれからの社会において、どのような教材を考えなくてはならないのか。しかもこれからの教材を考えるときには、こうした技術面の変化ばかりをとらえて済まされるわけではない。より重要なのは、社会全体の在り方の変化である。

（2）私たちが直面する社会全体の問題

① 「持続可能な開発のための教育」（ESD）とは

今の日本が抱える様々な課題は、もちろんいろいろある。だが少し長い目でみれば、最も重要な課題は、やはりESDになるだろう。

ESDは、Education for Sustainable Developmentの略で、「持続可能な開発のための教育」と訳される。ESDは、文部科学省のユネスコ国際委員会が中心となって進められている。だが、必ずしも理解されているとはいえないのが現状である。ESDは、そのサイトにおいて次のように説明される。

現在、世界には、環境・貧困・人権・平和・開発といった様々な地球規模の課題

第15章　これからの教育と教材

があります。
　ESDとは，地球に存在する人間を含めた命ある生物が，遠い未来までその営みを続けていくために，これらの課題を自らの問題として捉え，一人ひとりが自分にできることを考え，実践していくこと（think globally, act locally）を身につけ，課題解決につながる価値観や行動を生み出し，持続可能な社会を創造していくことを目指す学習や活動です。
　つまり，ESDは持続可能な社会づくりの担い手を育む教育です。

（文部科学省ESDポータルサイト，2015.9.7）

　近年の環境問題などから，運命共同体としての宇宙船地球号の保全を中心に，世界の人々が平和で豊かな安心できる将来をつくっていこうという趣旨は，漠然とは理解できる。だが，ではそれは，具体的にどういう問題なのかとなると，あまりはっきりとはしない。つまり大きな意味では問題がありそうだが，日本社会の問題，さらには自分に身近な問題となると，どのように関係するのかが分からない。「一人ひとりが自分にできることを考え，実践していくこと（think globally, act locally）」というように，本当は自分の問題として考えなくてはならないのだが，どこから手をつけていいのかが分からない。
　しかし先進国の中でもとりわけ日本は，大きな問題を抱えている。それは，エネルギー問題と極点社会問題である。
　エネルギー問題は，いうまでもなく原子力発電問題である。だれもがなくしたいと思っている。だが，いつどのようになくしていくかについて，意見が分かれる。一方の人々は経済問題で語ろうとする。そしてもう一方の人々は環境問題で語ろうとする。だがこの2つのほかに，もう1つの語るべき道があるのではないか。それは，次の極点社会にかかわる問題である。
　極点社会とは，東京や大阪などの極点に若い人が集中して，地方から人がいなくなってしまう社会のことである。具体的には，20歳から39歳までの出産年齢の女性が地方から大都市に集中して，地方の中核都市までもが消滅の危機にさらされる社会である。2040年には，地方自治体の半数以上がそうした社会になるという予測もある。

これがエネルギー問題とどのように関係するのか。
　もし地方において，緑豊かな小都市で，車を頻繁に使わなくても済むならば，エネルギーを大量消費しなくても済む生活ができるのではないか。それは，いわば風の通る生活である。地方の中での豊かな生活は，私たちの生き方そのものを問い直すことになるにちがいない。
　エネルギー問題は，私たちの生活の在り方そのものである。その生活を大都市集中から転換しない限り，エネルギー問題と極点社会問題とは解決の糸口を見いだすことはできない。
　そうした意味で，今そしてこれからの日本こそ，ESDの必要な社会である。私たちはこの問題を正面から見つめていかなくてはならない。そのためには，これまでの進歩・成長という産業資本主義社会の価値観から脱却しなくてはならない。これからの教材を考えることは，こうした大きな，しかし避けられない問題につながる。

　この章では，この第1節でみた2つの問題を中心に，これからの教材を考えてみたい。それは何をとり上げるかということより，私たち人間をどう考え，これからどう生きようとするのかの問題である。一言でいえばそれは，私たち一人一人の幸せ感の問題である。

2　AIと私たちの教育

　人工知能は，これから飛躍的に伸びるといわれている。10年もしないうちに急速に伸びて，2045年にはブレークスルーして「技術的特異点」を超えると予想する人も多い。それは，人間を超える知能を獲得することを意味している。そうとなれば，というよりそうなる前から，私たちは深刻な問題に直面することになる。今ある仕事が，どんどんなくなってしまうからである。
　次ページのコラムを見ていただきたい。これからなくなる仕事のほとんどは，いわゆる非正規労働者が担っている，比較的賃金の安い仕事である。
　コールセンターは地方に多くあるが，それがなくなれば，その多くを担って

Column

第15章　これからの教育と教材

これからなくなる仕事・生き残る仕事

　フライとオズボーンの『雇用の将来：コンピュータ化によって仕事はどのくらい脅かされるのか』では，アメリカやイギリスの仕事を702業種にわたって調べている。どの仕事がなくなるのか，どの職種が生き残るのか，いくつか紹介してみよう。

　ごらんのとおり，対人間の仕事，教育にかかわる仕事はほとんど生き残る。しかし，既にその多くがコンピュータのサポートを受けているような，ルーティンな手順がはっきりしている仕事はほぼ全滅である。

　1位の遊戯療法士は，Recreational Therapistsの筆者の訳である。日本では余暇開発士という言い方もあるが，この仕事はまだ明確には位置付けられていない。これは日本でいう作業療法士とキャンプ・インストラクターやリクリエーション・インストラクターを併せもつ仕事である。職業教育相談員も，Instructional Coordinatorsの筆者の訳である。これは，キャリアアップを目指す人のための仕事で，日本でいうファイナンシャル・プランナーの教育版である。アメリカのような，学歴と職業が直結している社会では重要な仕事である。

　逆に生き残らないのは，やはりコンピュータの支援を多く受けている仕事である。コンピュータが自然言語を理解できるようになってきた今日では，電話による仕事はまもなくなくなる。カフェやファミレスなどの仕事も，ロボットに取って代わられるし，運転業務はもちろんなくなる。危険な言い方ではあるが，中卒・高卒レベルの仕事は，基本的にこれからなくなり，多くの人がキャリアアップのために大学や専門学校にいくようになるだろう。

なくならない職業			なくなる職業		
順位	確率%	職　種	順位	確率%	職　種
1	99.72	遊戯療法士	702	99.00	電話勧誘
11	99.61	栄養士	683	98.00	銀行窓口業務
16	99.58	職業教育相談員	674	98.00	配送車運転手
20	99.56	小学校教員	668	97.00	カフェ等店員
37	99.26	保育者	664	97.00	コールセンター員
41	99.22	中学校教員	657	97.00	レジ係
102	97.20	教育福祉士	629	96.00	一般事務員
112	96.80	高校教員	531	89.00	タクシー運転手

Frey, B. and Osborne, M.（2013.9）より筆者作成

いる女性がその職を失い，都会へと出てくることになる。自動車の運転業務，とりわけタクシーは，都会でも多くが地方出身者である。今までも地方で仕事を失って，都会に出稼ぎに来るといった図式が普通だった。だがこれからはそれもかなわなくなる。今の日本の構造は，そうした人々を吸収するシステムがない。それは，必然的にさらなる格差へとつながる。

　一方，教育にかかわる仕事はこれから有望である。だが，それを喜ぶのは早い。確かにこれからは，ますます教育が重要になる。ヨーロッパでは，それに既に取り組んでいる。教育は，最も投資効果が望める経済活動である。しかし人工知能が発達してくれば，減ることはなくても，その役割が変化してくる。それはおそらく，少なくとも2つの方向だろう。

　1つは，集団的に教えるから個別的に教えるへの変化である。近代教育の象徴である一斉授業は，AI時代にはかえって効率が悪くなる。AI教師によって個別的に行ったほうが効率がよいからである。これによって遅い子も速い子も救われることになる。

　もう1つは，同一内容から個別内容への総合的カウンセリングへの変化である。これまでは，同一内容を同一時間で教えていた。だがAIによって個別性が確保されるようになれば，内容も個別的になる。となれば，「知識を教える」から，「総合的に学習をコンサルトし，サポートする」ことが求められる。

　以上のことは，コンピュータ技術が今の仕事に与える影響の話である。では，これからの教育は，どうあるべきか。とりわけ，どういう学力を育てていかなくてはならないのか。

　経済の原則は，差異性の創出・利用にある。その昔は，離れた地域での値段の差を商人が利用した。シルクロード交易がその代表である。近代では，農村と都会の賃金の差を利用して，資本家が工場を建てて利潤をあげた。昔の日本がそうであり，今は韓国や中国がそうである。

　この原則に沿うなら，これからの知識産業時代では，人とは違うアイデアやサービスを生み出していかなくてならない。それはすでに，マイクロソフトのWindowsやアップルのiPod・iPad・iPhoneが示してくれた。だがこれらの会社

第15章　これからの教育と教材

が産み出した製品は，やはりすでに証明されているように，他の会社の追随を促す。つまり悪く言えば，コピーされやすい。ということは，これからの社会では，次のような能力が問われることになる。

・人が右と言えば左を見てみるような，非迎合的精神
・失敗を恐れずに挑戦して，失敗しても折れない精神
・分析する論理的思考力よりも，統合するデザイン的思考力
・人とは何かを考え続ける力

だがこれらは，今後要求される能力のまだ半分である。見ての通りこの能力は，個人主義的である。これだけであれば，今までの学力・能力観とさほどの違いもない。これを超えてより重要なのは，個人主義ではなく社会関係的な能力である。

すなわちこれから必要とされる能力のもう半分は，自分の人生に対する生き方，それも社会の在り方を映じた生き方・社会の在り方の問題，幸せ感の問題を考え続ける力である。それが次のESDの問題である。

3　極点社会の到来と私たちのESD教育

前述したように，これからの世界全体の調和ある発展を考えるESD教育の課題は，いうまでもなく大きい。だが，それを自分の問題としてとらえることは難しい。しかも文部科学省の示す概念図（図15-2）では，きわめて多面的で，どこからとらえたらいいのか途方に暮れてしまう。

そこでこの問題をとらえる1つの視点として「極点社会」という問題を提示したい。しかしこの言葉を知っている人はあまり多くはない。これは，あ

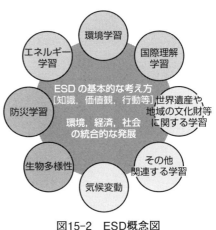

図15-2　ESD概念図
（文部科学省，ESDポータルサイトより）

まり聞かない言葉である。

　既に述べたようにこれは，東京のような大都市に点的に人が集中して，地方が消滅する社会のことである。人々が日本全体に広がって住むのではなく，出産適齢の若年女性が地方から減って，男性も含めて大都市という極点に集中する，それが，「極点社会」である。それはいわば大都市「点住社会」，裏を返せば，地方消滅の社会である。

　他方，「限界集落」という言葉がある。これは案外知られているかもしれない。年寄りばかりで，集落を維持していくことが限界で，やがて消滅していく集落のことである。だがやがてやってくる極点社会では，消滅するのは山間や島の小さな集落ばかりではない。地方の中核都市でも消滅のおそれがある。それどころか，県も消滅しないとは限らない。それが，「極点社会」の問題である。

　もちろんこれも，子どもたちにとって抽象的かもしれない。しかし，身近な問題とすることは可能である。例えば，子どもたちの「親戚探し」をやってみるのも効果的かもしれない。自分の親・親戚が今どこに住んでいるのか。あるいは，もう少し下って，おじいさん・おばあさんは，どこに住んでいたのか，もしくはいつどこから来たのかを調べる。そうすると，親，少なくともその祖父母になると，ほとんどが地方から大都市に集まってきた構図がみえることになる。ちなみに，青森県八戸市出身の筆者の親戚の子どもたち15人の中，13人は東京地方に住んでいる。

　もちろん人口が減ってもいいじゃないかという考え方もある。筆者も，どちらかといえば，日本は多すぎると感じている。なにしろ日本は，世界で10番目に人口の多い国なのだから，狭い島国に1億3千万人は多すぎる。しかし人口が多いかどうかは，重要ではない。重要なのは，点的に集中していることである。それは，様々な歪みを生む。しかも日本は，非常に強い官僚政治の下で，極端な中央政権を維持している。これからの社会では，この問題も考えなくてはならない。そこで，これまでの2つの問題を踏まえて，最後に改めてこれからの教材について考えてみよう。

第15章 これからの教育と教材

Column

極点社会の衝撃：消滅する故郷

　この章の筆者の故郷，青森県八戸市も例外ではない。ここは，昔ほどではないとしても，今でも東北で有数の経済活動の盛んな町である。人口も，2015年2月で，237,000人もいる，地方中核都市である（2014年以前は，特例市）。しかしその八戸が，2040年には，若年女性が今のマイナス54%になるという。つまり近い将来，中核都市でも消滅する。

　日本創成会議の人口減少問題検討分科会「成長を続ける21世紀のために『ストップ少子化・地方元気戦略』」の試算では，2040年での「消滅可能性都市」は全国の49.8%に当たる896市区町村にのぼるという。地方の中核都市で消滅するところが出てくるということは，県でも消滅するところがでてくることになる。ご覧のように，東北はほぼ全滅である（図15-3）。

　とはいえしかし，極点社会になっても，女性がいなくなるわけではなく，ただ大都市に集中するだけだから，それでいいじゃないかという考え方もある。だがそれは，大都市に集中した女性が順調に出産するという前提での話である。実際は，大都市の女性の出産率は低い。その理由は，いろいろある。だがそれを言わなくても，これからの都会で出生率が改善するのは，すぐには見込めそうにない。

　ちなみに，東京の平成23年の合計特殊出生率は，全国でダントツ最下位の，1.06である。全国平均は1.39で，いちばん高い沖縄は1.86である。ということは，もし東京にたくさんの若年女性が集まったら，日本全体でどんどん人口が減ってしまうことになる。このままいけば，22世紀を迎えるころには，3,900万人になり江戸末期に戻るという試算もある。

図15-3
（日本創成会議よりsankeibiz作成図）

4　これからの教育と教材

これまでみてきたように，これからの社会は，急速かつ激しく変化することが予想される。もちろんこれまでも，同じように変化してきた。幕末から現代までの変化は，確かにだれにも予測つかなかった変化といえる。そうした意味で，これからの変化も，慌てる必要はないだろう。とはいえ，これから先に生きていく子どもたちの教育と教材を考えるには，ある程度の予想される社会をみなくてはならない。

では，これからの教育と教材はどうあるべきなのか。それを予測するのはきわめて困難だが，これまで述べてきた2つの問題からは次のようなことがいえるのではないか。

(1)　AIとビッグデータの観点から

フライとオズボーンの近い将来の職業問題（189ページ）は，これからの職業教育の課題を浮き彫りにした。そうした意味では，重要な課題ではあるものの，教材という観点からは，すぐに何かを示唆するものではない。

だがしかし，AIとビッグデータに代表されるこれからの社会の問題となると，より具体的な大きな問題が浮き彫りになる。AIとビッグデータの活用によって，様々なことが予測できるようになると，より便利で安全になる反面，その分これまで以上の管理社会になることが懸念される。

既にGoogleやFacebookに代表されるように，私たちのデータが実質上断りもないままに収集され利用されている。張り巡らされた監視カメラは，犯罪の証拠としてよりも犯罪の抑止に使われ，メールは自動監視システムに利用されるようになってきている。

近い将来，交通取り締まりは不要になり，違反をすれば帰宅後に自動的に違反切符が届くようになるかもしれない。というより，違反ができなくなるかもしれない。街角でたたずめば，ロボット警官が職務質問に飛んでくるかもしれない。冗談に危ない話を友達としていたら，公安のブッラクリストに載せられてしまうかもしれない。

冗談のような超監視社会が，将来ではなく既にやってきている。米国愛国者

法は，図書館の帯出や個人の医療記録も監視できるようになっている。日本の特定秘密保護法では，自分が知らないうちに犯罪者になっているかもしれない。こうした超監視社会では，「人工知能とネット社会を考える」教材が不可欠である。それを年齢に合わせて継続的かつ具体的に考えることは，これからの市民にとっての義務である。社会は，私たち一人一人がつくっているからである。

(2) ESDの観点から

ESDの問題は，先の文部科学省のHPの概念図のように多岐にわたっている。そこで筆者は，極点社会問題を提示することで，私たち一人一人の幸せ感の問い直しが，これから必要であることを述べた。もちろんあの概念図の一つ一つが，それぞれ教材となりうる。しかしあの概念図が分かりにくいのは，その一つ一つが自分の身辺の問題とは見えにくいからである。

そうであるならば，ここに教材化への1つのヒントがある。あの概念図を総合的に取り扱い，かつ身近な問題とするために，改めて「郷土科」のようなものを新設してはどうだろうか。もちろんこれは，よく知られているようにドイツに以前あった教科であり，日本では牧口常三郎が提唱したことでも知られている。

日本ではついに教科になることなく終わったが，大正期から始まる「生活綴り方運動」にも通ずる考え方である。今日こそ，子どもたちの足元から世界を考える教育が必要である。自分たちの食料，エネルギー，気候，生き物，そうしたもろもろのものが，自分の生活とどう結び付いて，どこに問題があるのか，それを問い直す，そうした教科が必要ではないだろうか。

ESDは，前述の引用にあるように，「これらの課題を自らの問題としてとらえ，一人一人が自分にできることを考え，実践していくこと（think globally, act locally）を身に付け，課題解決につながる価値観や行動を生み出し，持続可能な社会を創造していくことを目指す学習や活動」を目指している。そうであるならば，全国統一の教材ではなく，地域ごとの教材を考えなくてはならない。地域の問題に気づくからこそ，世界につながっていくことができる。それが，think globally, act locallyであるだろう。

それはけっして難しいことではない。元来，知識と学習，そしてそれによる学力は，今ここに足元の世界とつながってこそ意味あるものとなる。そこから引き剝がされて教科書に閉じ込めてしまっては，それは死んだ知識，死んだ学習，死んだ学力になる。知識も学習も学力も，個人の頭の中の問題とすることから離れて，社会と環境との関係性の問題に置き換えるならば，より実践的で活きたものとなるだろう。

　ますますネット化される社会，ますます情報化される社会だからこそ，人間としての土着的思考が必要になる。今食べたもの，今着ている服，見上げる空，そのどれもが，今ここに，であると同時に世界につながっている。そうした感覚と理解を助ける教材を，今これから私たちは作っていかなくてはならない。

（小笠原　喜康）

〈参考文献〉

Frey, B. and Osborne, M. *The Future of Employment: How susceptible are jobs to computerisation?* Oxford Martin School. 2013. 9.
　http://www.oxfordmartin.ox.ac.uk/research/programmes/tech-employment/publications
文部科学省「ESDってなんだろう？▶ESDとは？」文部科学省ESDポータルサイト，2015年9月7日，http://www.esd-jpnatcom.jp/about/index.html

付録　教育に関する主要法令(抄)等

日本国憲法　*198*
教育基本法　*199*
学校教育法施行規則　*202*
小学校学習指導要領・総則　*204*

日本国憲法
（昭和21.11.3）

　日本国民は，正当に選挙された国会における代表者を通じて行動し，われらとわれらの子孫のために，諸国民との協和による成果と，わが国全土にわたつて自由のもたらす恵沢を確保し，政府の行為によつて再び戦争の惨禍が起こることのないやうにすることを決意し，ここに主権が国民に存することを宣言し，この憲法を確定する。そもそも国政は，国民の厳粛な信託によるものであつて，その権威は国民に由来し，その権力は国民の代表者がこれを行使し，その福利は国民がこれを享受する。これは人類普遍の原理であり，この憲法は，かかる原理に基くものである。われらは，これに反する一切の憲法，法令及び詔勅を排除する。

　日本国民は，恒久の平和を念願し，人間相互の関係を支配する崇高な理想を深く自覚するのであつて，平和を愛する諸国民の公正と信義に信頼して，われらの安全と生存を保持しようと決意した。われらは，平和を維持し，専制と隷従，圧迫と偏狭を地上から永遠に除去しようと努めてゐる国際社会において，名誉ある地位を占めたいと思ふ。われらは，全世界の国民が，ひとしく恐怖と欠乏から免かれ，平和のうちに生存する権利を有することを確認する。

　われらは，いづれの国家も，自国のことのみに専念して他国を無視してはならないのであつて，政治道徳の法則は，普遍的なものであり，この法則に従ふことは，自国の主権を維持し，他国と対等関係に立たうとする各国の責務であると信ずる。

　日本国民は，国家の名誉にかけ，全力をあげてこの崇高な理想と目的を達成することを誓ふ。

第3章　国民の権利及び義務

第10条　日本国民たる要件は，法律でこれを定める。

第11条　国民は，すべての基本的人権の享有を妨げられない。この憲法が国民に保障する基本的人権は，侵すことのできない永久の権利として，現在及び将来の国民に与へられる。

第12条　この憲法が国民に保障する自由及び権利は，国民の不断の努力によつて，これを保持しなければならない。又，国民は，これを濫用してはならないのであつて，常に公共の福祉のためにこれを利用する責任を負ふ。

第13条　すべて国民は，個人として尊重される。生命，自由及び幸福追求に対する国民の権利については，公共の福祉に反しない限り，立法その他の国政の上で，最大の尊重を必要とする。

第14条　すべて国民は，法の下に平等であつて，人種，信条，性別，社会的身分又は門地により，政治的，経済的又は社会的関係において，差別されない。

② 　華族その他の貴族の制度は，これを認めない。

③ 　栄誉，勲章その他の栄典の授与は，いかなる特権も伴はない。栄典の授与は，現にこれを有し，又は将来これを受ける者の一代に限り，その効力を有する。

第15条　公務員を選定し，及びこれを罷免することは，国民固有の権利である。

② 　すべて公務員は，全体の奉仕者であつて，一部の奉仕者ではない。

③ 　公務員の選挙については，成年者による普通選挙を保障する。

④ 　すべて選挙における投票の秘密は，これを侵してはならない。選挙人は，その選択に関し公的にも私的にも責任を問は

れない。

第16条　何人も，損害の救済，公務員の罷免，法律，命令又は規則の制定，廃止又は改正その他の事項に関し，平穏に請願する権利を有し，何人も，かかる請願をしたためにいかなる差別待遇も受けない。

第17条　何人も，公務員の不法行為により，損害を受けたときは，法律の定めるところにより，国又は公共団体に，その賠償を求めることができる。

第18条　何人も，いかなる奴隷的拘束も受けない。又，犯罪に因る処罰の場合を除いて，その意に反する苦役に服させられない。

第19条　思想及び良心の自由は，これを侵してはならない。

第20条　信教の自由は，何人に対してもこれを保障する。いかなる宗教団体も，国から特権を受け，又は政治上の権力を行使してはならない。

② 何人も，宗教上の行為，祝典，儀式又は行事に参加することを強制されない。

③ 国及びその機関は，宗教教育その他いかなる宗教的活動もしてはならない。

第21条　集会，結社及び言論，出版その他一切の表現の自由は，これを保障する。

② 検閲は，これをしてはならない。通信の秘密は，これを侵してはならない。

第22条　何人も，公共の福祉に反しない限り，居住，移転及び職業選択の自由を有する。

② 何人も，外国に移住し，又は国籍を離脱する自由を侵されない。

第23条　学問の自由は，これを保障する。

第24条　婚姻は，両性の合意のみに基いて成立し，夫婦が同等の権利を有することを基本として，相互の協力により，維持されなければならない。

② 配偶者の選択，財産権，相続，住居の選定，離婚並びに婚姻及び家族に関するその他の事項に関しては，法律は，個人の尊厳と両性の本質的平等に立脚して，制定されなければならない。

第25条　すべて国民は，健康で文化的な最低限度の生活を営む権利を有する。

② 国は，すべての生活部面について，社会福祉，社会保障及び公衆衛生の向上及び増進に努めなければならない。

第26条　すべて国民は，法律の定めるところにより，その能力に応じて，ひとしく教育を受ける権利を有する。

② すべて国民は，法律の定めるところにより，その保護する子女に普通教育を受けさせる義務を負ふ。義務教育は，これを無償とする。

第27条　すべて国民は，勤労の権利を有し，義務を負ふ。

② 賃金，就業時間，休息その他の勤労条件に関する基準は，法律でこれを定める。

③ 児童は，これを酷使してはならない。

第10章　最高法規

第97条　この憲法が日本国民に保障する基本的人権は，人類の多年にわたる自由獲得の努力の成果であつて，これらの権利は，過去幾多の試練に堪へ，現在及び将来の国民に対し，侵すことのできない永久の権利として信託されたものである。

教育基本法
（平成18. 12. 22）
（法律　第120号）

我々日本国民は，たゆまぬ努力によって築いてきた民主的で文化的な国家を更に発展させるとともに，世界の平和と人類の福祉の向上に貢献することを願うものである。

我々は，この理想を実現するため，個人

の尊厳を重んじ，真理と正義を希求し，公共の精神を尊び，豊かな人間性と創造性を備えた人間の育成を期するとともに，伝統を継承し，新しい文化の創造を目指す教育を推進する。

ここに，我々は，日本国憲法の精神にのっとり，我が国の未来を切り拓く教育の基本を確立し，その振興を図るため，この法律を制定する。

第1章　教育の目的及び理念

（教育の目的）

第1条　教育は，人格の完成を目指し，平和で民主的な国家及び社会の形成者として必要な資質を備えた心身ともに健康な国民の育成を期して行われなければならない。

（教育の目標）

第2条　教育は，その目的を実現するため，学問の自由を尊重しつつ，次に掲げる目標を達成するよう行われるものとする。

一　幅広い知識と教養を身に付け，真理を求める態度を養い，豊かな情操と道徳心を培うとともに，健やかな身体を養うこと。

二　個人の価値を尊重して，その能力を伸ばし，創造性を培い，自主及び自律の精神を養うとともに，職業及び生活との関連を重視し，勤労を重んずる態度を養うこと。

三　正義と責任，男女の平等，自他の敬愛と協力を重んずるとともに，公共の精神に基づき，主体的に社会の形成に参画し，その発展に寄与する態度を養うこと。

四　生命を尊び，自然を大切にし，環境の保全に寄与する態度を養うこと。

五　伝統と文化を尊重し，それらをはぐくんできた我が国と郷土を愛するとともに，他国を尊重し，国際社会の平和と発展に寄与する態度を養うこと。

（生涯学習の理念）

第3条　国民一人一人が，自己の人格を磨き，豊かな人生を送ることができるよう，その生涯にわたって，あらゆる機会に，あらゆる場所において学習することができ，その成果を適切に生かすことのできる社会の実現が図られなければならない。

（教育の機会均等）

第4条　すべて国民は，ひとしく，その能力に応じた教育を受ける機会を与えられなければならず，人種，信条，性別，社会的身分，経済的地位又は門地によって，教育上差別されない。

② 国及び地方公共団体は，障害のある者が，その障害の状態に応じ，十分な教育を受けられるよう，教育上必要な支援を講じなければならない。

③ 国及び地方公共団体は，能力があるにもかかわらず，経済的理由によって修学が困難な者に対して，奨学の措置を講じなければならない。

第2章　教育の実施に関する基本

（義務教育）

第5条　国民は，その保護する子に，別に法律で定めるところにより，普通教育を受けさせる義務を負う。

② 義務教育として行われる普通教育は，各個人の有する能力を伸ばしつつ社会において自立的に生きる基礎を培い，また，国家及び社会の形成者として必要とされる基本的な資質を養うことを目的として行われるものとする。

③ 国及び地方公共団体は，義務教育の機会を保障し，その水準を確保するため，適切な役割分担及び相互の協力の下，その実施に責任を負う。

④ 国又は地方公共団体の設置する学校における義務教育については，授業料を徴

収しない。
（学校教育）
第6条　法律に定める学校は，公の性質を有するものであって，国，地方公共団体及び法律に定める法人のみが，これを設置することができる。
②　前項の学校においては，教育の目標が達成されるよう，教育を受ける者の心身の発達に応じて，体系的な教育が組織的に行われなければならない。この場合において，教育を受ける者が，学校生活を営む上で必要な規律を重んずるとともに，自ら進んで学習に取り組む意欲を高めることを重視して行われなければならない。
（大学）
第7条　大学は，学術の中心として，高い教養と専門的能力を培うとともに，深く真理を探究して新たな知見を創造し，これらの成果を広く社会に提供することにより，社会の発展に寄与するものとする。
②　大学については，自主性，自律性その他の大学における教育及び研究の特性が尊重されなければならない。
（私立学校）
第8条　私立学校の有する公の性質及び学校教育において果たす重要な役割にかんがみ，国及び地方公共団体は，その自主性を尊重しつつ，助成その他の適当な方法によって私立学校教育の振興に努めなければならない。
（教員）
第9条　法律に定める学校の教員は，自己の崇高な使命を深く自覚し，絶えず研究と修養に励み，その職責の遂行に努めなければならない。
②　前項の教員については，その使命と職責の重要性にかんがみ，その身分は尊重され，待遇の適正が期せられるとともに，養成と研修の充実が図られなければなら

ない。
（家庭教育）
第10条　父母その他の保護者は，子の教育について第一義的責任を有するものであって，生活のために必要な習慣を身に付けさせるとともに，自立心を育成し，心身の調和のとれた発達を図るよう努めるものとする。
②　国及び地方公共団体は，家庭教育の自主性を尊重しつつ，保護者に対する学習の機会及び情報の提供その他の家庭教育を支援するために必要な施策を講ずるよう努めなければならない。
（幼児期の教育）
第11条　幼児期の教育は，生涯にわたる人格形成の基礎を培う重要なものであることにかんがみ，国及び地方公共団体は，幼児の健やかな成長に資する良好な環境の整備その他適当な方法によって，その振興に努めなければならない。
（社会教育）
第12条　個人の要望や社会の要請にこたえ，社会において行われる教育は，国及び地方公共団体によって奨励されなければならない。
②　国及び地方公共団体は，図書館，博物館，公民館その他の社会教育施設の設置，学校の施設の利用，学習の機会及び情報の提供その他の適当な方法によって社会教育の振興に努めなければならない。
（学校，家庭及び地域住民等の相互の連携協力）
第13条　学校，家庭及び地域住民その他の関係者は，教育におけるそれぞれの役割と責任を自覚するとともに，相互の連携及び協力に努めるものとする。
（政治教育）
第14条　良識ある公民として必要な政治的教養は，教育上尊重されなければならな

② 法律に定める学校は，特定の政党を支持し，又はこれに反対するための政治教育その他政治的活動をしてはならない。

（宗教教育）

第15条 宗教に関する寛容の態度，宗教に関する一般的な教養及び宗教の社会生活における地位は，教育上尊重されなければならない。

② 国及び地方公共団体が設置する学校は，特定の宗教のための宗教教育その他宗教的活動をしてはならない。

第3章　教育行政

（教育行政）

第16条 教育は，不当な支配に服することなく，この法律及び他の法律の定めるところにより行われるべきものであり，教育行政は，国と地方公共団体との適切な役割分担及び相互の協力の下，公正かつ適正に行われなければならない。

② 国は，全国的な教育の機会均等と教育水準の維持向上を図るため，教育に関する施策を総合的に策定し，実施しなければならない。

③ 地方公共団体は，その地域における教育の振興を図るため，その実情に応じた教育に関する施策を策定し，実施しなければならない。

④ 国及び地方公共団体は，教育が円滑かつ継続的に実施されるよう，必要な財政上の措置を講じなければならない。

（教育振興基本計画）

第17条 政府は，教育の振興に関する施策の総合的かつ計画的な推進を図るため，教育の振興に関する施策についての基本的な方針及び講ずべき施策その他必要な事項について，基本的な計画を定め，これを国会に報告するとともに，公表しなければならない。

② 地方公共団体は，前項の計画を参酌し，その地域の実情に応じ，当該地方公共団体における教育の振興のための施策に関する基本的な計画を定めるよう努めなければならない。

第4章　法令の制定

第18条 この法律に規定する諸条項を実施するため，必要な法令が制定されなければならない。

学校教育法施行規則
（平成27. 10. 2　文部科学省令　第35号）

第4章　小学校

第50条 小学校の教育課程は，国語，社会，算数，理科，生活，音楽，図画工作，家庭及び体育の各教科（以下この節において「各教科」という。），特別の教科である道徳，外国語活動，総合的な学習の時間並びに特別活動によつて編成するものとする。

2　私立の小学校の教育課程を編成する場合は，前項の規定にかかわらず，宗教を加えることができる。この場合においては，宗教をもつて前項の特別の教科である道徳に代えることができる。

第51条 小学校の各学年における各教科，特別の教科である道徳，外国語活動，総合的な学習の時間及び特別活動のそれぞれの授業時数並びに各学年におけるこれらの総授業時数は，別表第1に定める授業時数を標準とする。

第52条 小学校の教育課程については，この節に定めるもののほか，教育課程の基準として文部科学大臣が別に公示する小学校学習指導要領によるものとする。

第5章　中学校

第72条 中学校の教育課程は，国語，社会，

数学，理科，音楽，美術，保健体育，技術・家庭及び外国語の各教科（以下本章及び第7章中「各教科」という。），特別の教科である道徳，総合的な学習の時間並びに特別活動によつて編成するものとする。

第73条 中学校（併設型中学校及び第75条第2項に規定する連携型中学校を除く。）の各学年における各教科，特別の教科である道徳，総合的な学習の時間及び特別活動のそれぞれの授業時数並びに各学年におけるこれらの総授業時数は，別表第2に定める授業時数を標準とする。

第74条 中学校の教育課程については，この章に定めるもののほか，教育課程の基準として文部科学大臣が別に公示する中学校学習指導要領によるものとする。

別表第1　各教科等の授業時数・小学校（学校教育法施行規則［第51条関係］）

区分		第1学年	第2学年	第3学年	第4学年	第5学年	第6学年
各教科の授業時数	国語	306	315	245	245	175	175
	社会			70	90	100	105
	算数	136	175	175	175	175	175
	理科			90	105	105	105
	生活	102	105				
	音楽	68	70	60	60	50	50
	図画工作	68	70	60	60	50	50
	家庭					60	55
	体育	102	105	105	105	90	90
道徳の授業時数		34	35	35	35	35	35
外国語活動の授業時数						35	35
総合的な学習の時間の授業時数				70	70	70	70
特別活動の授業時数		34	35	35	35	35	35
総授業時数		850	910	945	980	980	980

別表第2　各教科等の授業時数・中学校（学校教育法施行規則［第73条関係］）

区分		第1学年	第2学年	第3学年
各教科の授業時数	国語	140	140	105
	社会	105	105	140
	数学	140	105	140
	理科	105	140	140
	音楽	45	35	35
	美術	45	35	35
	保健体育	105	105	105
	技術・家庭	70	70	35
	外国語	140	140	140
道徳の授業時数		35	35	35
総合的な学習の時間の授業時数		50	70	70
特別活動の授業時数		35	35	35
総授業時数		1015	1015	1015

小学校学習指導要領

第1章　総則
第1　教育課程編成の一般方針

1　各学校においては，教育基本法及び学校教育法その他の法令並びにこの章以下に示すところに従い，児童の人間として調和のとれた育成を目指し，地域や学校の実態及び児童の心身の発達の段階や特性を十分考慮して，適切な教育課程を編成するものとし，これらに掲げる目標を達成するよう教育を行うものとする。

　学校の教育活動を進めるに当たっては，各学校において，児童に生きる力をはぐくむことを目指し，創意工夫を生かした特色ある教育活動を展開する中で，基礎的・基本的な知識及び技能を確実に習得させ，これらを活用して課題を解決するために必要な思考力，判断力，表現力その他の能力をはぐくむとともに，主体的に学習に取り組む態度を養い，個性を生かす教育の充実に努めなければならない。その際，児童の発達の段階を考慮して，児童の言語活動を充実するとともに，家庭との連携を図りながら，児童の学習習慣が確立するよう配慮しなければならない。

2　学校における道徳教育は，特別の教科である道徳（以下「道徳科」という。）を要として学校の教育活動全体を通じて行うものであり，道徳科はもとより，各教科，外国語活動，総合的な学習の時間及び特別活動のそれぞれの特質に応じて，児童の発達の段階を考慮して，適切な指導を行わなければならない。

　道徳教育は，教育基本法及び学校教育法に定められた教育の根本精神に基づき，自己の生き方を考え，主体的な判断の下に行動し，自立した人間として他者と共によりよく生きるための基盤となる道徳性を養うことを目標とする。

　道徳教育を進めるに当たっては，人間尊重の精神と生命に対する畏敬の念を家庭，学校，その他社会における具体的な生活の中に生かし，豊かな心をもち，伝統と文化を尊重し，それらを育んできた我が国と郷土を愛し，個性豊かな文化の創造を図るとともに，平和で民主的な国家及び社会の形成者として，公共の精神を尊び，社会及び国家の発展に努め，他国を尊重し，国際社会の平和と発展や環境の保全に貢献し未来を拓く主体性のある日本人の育成に資することとなるよう特に留意しなければならない。

3　学校における体育・健康に関する指導は，児童の発達の段階を考慮して，学校の教育活動全体を通じて適切に行うものとする。特に，学校における食育の推進並びに体力の向上に関する指導，安全に関する指導及び心身の健康の保持増進に関する指導については，体育科の時間はもとより，家庭科，特別活動などにおいてもそれぞれの特質に応じて適切に行うよう努めることとする。また，それらの指導を通して，家庭や地域社会との連携を図りながら，日常生活において適切な体育・健康に関する活動の実践を促し，生涯を通じて健康・安全で活力ある生活を送るための基礎が培われるよう配慮しなければならない。

第2　内容等の取扱いに関する共通的事項

1　第2章以下に示す各教科，道徳科，外国語活動及び特別活動の内容に関する事項は，特に示す場合を除き，いずれの学校においても取り扱わなければならない。

2　学校において特に必要がある場合には，第2章以下に示していない内容を加えて指

導することができる。また,第2章以下に示す内容の取扱いのうち内容の範囲や程度等を示す事項は,全ての児童に対して指導するものとする内容の範囲や程度等を示したものであり,学校において特に必要がある場合には,この事項にかかわらず指導することができる。ただし,これらの場合には,第2章以下に示す各教科,道徳科,外国語活動及び特別活動並びに各学年の目標や内容の趣旨を逸脱したり,児童の負担過重となったりすることのないようにしなければならない。
3 第2章以下に示す各教科,道徳科,外国語活動及び特別活動並びに各学年の内容に掲げる事項の順序は,特に示す場合を除き,指導の順序を示すものではないので,学校においては,その取扱いについて適切な工夫を加えるものとする。
4 学年の目標及び内容を2学年まとめて示した教科及び外国語活動の内容は,2学年間かけて指導する事項を示したものである。各学校においては,これらの事項を地域や学校及び児童の実態に応じ,2学年間を見通して計画的に指導することとし,特に示す場合を除き,いずれかの学年に分けて,又はいずれの学年においても指導するものとする。
5 学校において2以上の学年の児童で編制する学級について特に必要がある場合には,各教科,道徳科,外国語活動及び特別活動の目標の達成に支障のない範囲内で,各教科,道徳科,外国語活動及び特別活動の目標及び内容について学年別の順序によらないことができる。
6 道徳科を要として学校の教育活動全体を通じて行う道徳教育の内容は,第3章特別の教科道徳の第2に示す内容とする。

第3 授業時数等の取扱い

1 各教科,道徳科,外国語活動,総合的な学習の時間及び特別活動(以下「各教科等」という。ただし,1及び3において,特別活動については学級活動(学校給食に係るものを除く。)に限る。)の授業は,年間35週(第1学年については34週)以上にわたって行うよう計画し,週当たりの授業時数が児童の負担過重にならないようにするものとする。ただし,各教科等や学習活動の特質に応じ効果的な場合には,夏季,冬季,学年末等の休業日の期間に授業日を設定する場合を含め,これらの授業を特定の期間に行うことができる。なお,給食,休憩などの時間については,学校において工夫を加え,適切に定めるものとする。
2 特別活動の授業のうち,児童会活動,クラブ活動及び学校行事については,それらの内容に応じ,年間,学期ごと,月ごとなどに適切な授業時数を充てるものとする。
3 各教科等のそれぞれの授業の1単位時間は,各学校において,各教科等の年間授業時数を確保しつつ,児童の発達の段階及び各教科等や学習活動の特質を考慮して適切に定めるものとする。
4 各学校においては,地域や学校及び児童の実態,各教科等や学習活動の特質等に応じて,創意工夫を生かし時間割を弾力的に編成することができる。
5 総合的な学習の時間における学習活動により,特別活動の学校行事に掲げる各行事の実施と同様の成果が期待できる場合においては,総合的な学習の時間における学習活動をもって相当する特別活動の学校行事に掲げる各行事の実施に替えることができる。

第4 指導計画の作成等に当たって配慮すべき事項

1 各学校においては,次の事項に配慮しな

がら，学校の創意工夫を生かし，全体として，調和のとれた具体的な指導計画を作成するものとする。
(1) 各教科等及び各学年相互間の関連を図り，系統的，発展的な指導ができるようにすること。
(2) 学年の目標及び内容を2学年まとめて示した教科及び外国語活動については，当該学年間を見通して，地域や学校及び児童の実態に応じ，児童の発達の段階を考慮しつつ，効果的，段階的に指導するようにすること。
(3) 各教科の各学年の指導内容については，そのまとめ方や重点の置き方に適切な工夫を加え，効果的な指導ができるようにすること。
(4) 児童の実態等を考慮し，指導の効果を高めるため，合科的・関連的な指導を進めること。
2 各教科等の指導に当たっては，次の事項に配慮するものとする。
(1) 各教科等の指導に当たっては，児童の思考力，判断力，表現力等をはぐくむ観点から，基礎的・基本的な知識及び技能の活用を図る学習活動を重視するとともに，言語に対する関心や理解を深め，言語に関する能力の育成を図る上で必要な言語環境を整え，児童の言語活動を充実すること。
(2) 各教科等の指導に当たっては，体験的な学習や基礎的・基本的な知識及び技能を活用した問題解決的な学習を重視するとともに，児童の興味・関心を生かし，自主的，自発的な学習が促されるよう工夫すること。
(3) 日ごろから学級経営の充実を図り，教師と児童の信頼関係及び児童相互の好ましい人間関係を育てるとともに児童理解を深め，生徒指導の充実を図ること。
(4) 各教科等の指導に当たっては，児童が学習の見通しを立てたり学習したことを振り返ったりする活動を計画的に取り入れるよう工夫すること。
(5) 各教科等の指導に当たっては，児童が学習課題や活動を選択したり，自らの将来について考えたりする機会を設けるなど工夫すること。
(6) 各教科等の指導に当たっては，児童が学習内容を確実に身に付けることができるよう，学校や児童の実態に応じ，個別指導やグループ別指導，繰り返し指導，学習内容の習熟の程度に応じた指導，児童の興味・関心等に応じた課題学習，補充的な学習や発展的な学習などの学習活動を取り入れた指導，教師間の協力的な指導など指導方法や指導体制を工夫改善し，個に応じた指導の充実を図ること。
(7) 障害のある児童などについては，特別支援学校等の助言又は援助を活用しつつ，例えば指導についての計画又は家庭や医療，福祉等の業務を行う関係機関と連携した支援のための計画を個別に作成することなどにより，個々の児童の障害の状態等に応じた指導内容や指導方法の工夫を計画的，組織的に行うこと。特に，特別支援学級又は通級による指導については，教師間の連携に努め，効果的な指導を行うこと。
(8) 海外から帰国した児童などについては，学校生活への適応を図るとともに，外国における生活経験を生かすなどの適切な指導を行うこと。
(9) 各教科等の指導に当たっては，児童がコンピュータや情報通信ネットワークなどの情報手段に慣れ親しみ，コンピュータで文字を入力するなどの基本的な操作

や情報モラルを身に付け，適切に活用できるようにするための学習活動を充実するとともに，これらの情報手段に加え視聴覚教材や教育機器などの教材・教具の適切な活用を図ること。
(10) 学校図書館を計画的に利用しその機能の活用を図り，児童の主体的，意欲的な学習活動や読書活動を充実すること。
(11) 児童のよい点や進歩の状況などを積極的に評価するとともに，指導の過程や成果を評価し，指導の改善を行い学習意欲の向上に生かすようにすること。
(12) 学校がその目的を達成するため，地域や学校の実態等に応じ，家庭や地域の人々の協力を得るなど家庭や地域社会との連携を深めること。また，小学校間，幼稚園や保育所，中学校及び特別支援学校などとの間の連携や交流を図るとともに，障害のある幼児児童生徒との交流及び共同学習や高齢者などとの交流の機会を設けること。

3 道徳教育を進めるに当たっては，次の事項に配慮するものとする。
(1) 各学校においては，第1の2に示す道徳教育の目標を踏まえ，道徳教育の全体計画を作成し，校長の方針の下に，道徳教育の推進を主に担当する教師（以下「道徳教育推進教師」という。）を中心に，全教師が協力して道徳教育を展開すること。なお，道徳教育の全体計画の作成に当たっては，児童，学校及び地域の実態を考慮して，学校の道徳教育の重点目標を設定するとともに，道徳科の指導方針，第3章特別の教科道徳の第2に示す内容との関連を踏まえた各教科，外国語活動，総合的な学習の時間及び特別活動における指導の内容及び時期並びに家庭や地域社会との連携の方法を示すこと。

(2) 各学校においては，児童の発達の段階や特性等を踏まえ，指導内容の重点化を図ること。その際，各学年を通じて，自立心や自律性，生命を尊重する心や他者を思いやる心を育てることに留意すること。また，各学年段階においては，次の事項に留意すること。
 ア 第1学年及び第2学年においては，挨拶などの基本的な生活習慣を身に付けること，善悪を判断し，してはならないことをしないこと，社会生活上のきまりを守ること。
 イ 第3学年及び第4学年においては，善悪を判断し，正しいと判断したことを行うこと，身近な人々と協力し助け合うこと，集団や社会のきまりを守ること。
 ウ 第5学年及び第6学年においては，相手の考え方や立場を理解して支え合うこと，法やきまりの意義を理解して進んで守ること，集団生活の充実に努めること，伝統と文化を尊重し，それらを育んできた我が国と郷土を愛するとともに，他国を尊重すること。
(3) 学校や学級内の人間関係や環境を整えるとともに，集団宿泊活動やボランティア活動，自然体験活動，地域の行事への参加などの豊かな体験を充実すること。また，道徳教育の指導内容が，児童の日常生活に生かされるようにすること。その際，いじめの防止や安全の確保等にも資することとなるよう留意すること。
(4) 学校の道徳教育の全体計画や道徳教育に関する諸活動などの情報を積極的に公表したり，道徳教育の充実のために家庭や地域の人々の積極的な参加や協力を得たりするなど，家庭や地域社会との共通理解を深め，相互の連携を図ること。

キーワード・索引

アクティブ・ラーニングと教材　113，183
アナログ教材　41
ESD教育　186，191
インストラクションデザイン　180
学習指導要領の変遷　61-65
学習指導要領・指導要録の研究　21
学習指導要領・総則　66，204
学力の三要素に即した教材　79
学級活動・ホームルーム活動　125
学校教育観の転換　161
学校行事　131
学校経営・指導事務のための教材　81
カリキュラムと教材　11
教育課程と教材　12
教育課程の基準　58
教育課程の構成　66，84
教育・心理検査　46
教育・心理検査の分類　48
教　科　84-85
教科横断的教材　14
教科縦断的分類による教材　39
教科書　37，69-70
教科書・教師用指導書の研究　23
教科の目標　90-93
狭義の教材　35
教　具　10

教材・教具（特別支援教育）　135，137-145
教材開発　86
教材開発・活用の方法　172-176
教材活用　88
教材機能別分類表　36
教材研究　13，85
教材使用の法制度　16
教材作りの基礎・基本　21
教材と教具　10，35
教材の種類・分類　33-35，37-44
教材の定義　7
教材の取り扱い（学習指導要領）　19
教材の取り扱い（学校管理規則）　18
教材の取り扱い（学校教育法）　17
教材の取り扱い（地方教育行政法）　18
教材の評価・改善　181
教材の歴史　28-31
教材分析　89
協働活動（地域の人々との）　152
極点社会の到来とこれからの教育　191-193
クラブ活動・部活動　129
広義の教材　35
合理的配慮　136
高齢者の学習　169

キーワード・索引

「雇用の将来」 185, 189
自己評価シート 178
持続可能な開発のための教育 186
指導要録と特別活動 124
児童会活動・生徒会活動 127
習熟教材 25
修得教材 24
主体的な学習を支援する教材 76
主たる教材 10, 37
生涯学習の概念（系譜） 158-161
情報活用能力の育成と教材 73
情報モラル教育のための教材 75
信頼性 46
人工知能とこれからの教育 188
成人の学習 163
全国学力・学習状況調査 56
総合的な学習の時間 64
総合的な学習の時間と教材 111
大変革時代 185
妥当性 46
地域コミュニティ 150
地域と教材 148
地域のレジリエンス 156
著作権 181
著作権の制限 182
デジタル教材 43
道徳性評価の蓄積 109

特別活動の構成 123
特別の教科 道徳 98
図書教材 16
図書教材作り 24
発問づくり（道徳） 101
バッテリー利用 50
パフォーマンス評価 177-178
評価教材 25
評価用教材の開発・活用 177
標準学力検査 56
ポートフォリオ評価 177-178
補充教材（補助教材） 10
補助教材 37, 71
学びを促進する教材開発 176
マルチメディア教材 43
マルチメディアを利用した教材開発・活用 179
問題解決型授業（道徳） 102
ユニバーサルデザイン 145
幼児の学習 166
ルーブリック 178
ワークシートの開発・活用 176

執筆者一覧

新井　郁男（星槎大学大学院教授，上越教育大学名誉教授）　第 1 章
清水　厚實（学校法人　福山大学理事長）　第 2 章
山本　俊行（一般社団法人　日本図書教材協会専務理事）　第 2 章
澁澤　文隆（帝京大学大学院教職研究科教授）　第 3 章
宮島　邦夫（一般財団法人　応用教育研究所副所長）　第 4 章
佐野　金吾（一般社団法人　全国図書教材協議会会長）　第 5 章
中村　祐治（元横浜国立大学人間教育科学部教授）　第 6 章
尾﨑　　誠（厚木市立荻野中学校教諭）　第 6 章
澤崎　眞彦（福山平成大学特任教授，東京学芸大学名誉教授）　第 7 章
吉澤　良保（東京純心大学現代文化学部教授）　第 8 章
櫻井　眞治（東京学芸大学教育実践研究支援センター教授）　第 9 章
林　　尚示（東京学芸大学准教授）　第10章
腰川　一惠（聖徳大学児童学部准教授）　第11章
池下　　誠（練馬区立大泉西中学校主幹教諭）　第12章
川野邊　敏（日本教材学会会長，星槎大学特任教授，　第13章
　　　　　　国立教育政策研究所名誉所員）
仲　　久徳（星槎大学共生科学部・教育学研究科准教授）　第14章
小笠原喜康（日本大学文理学部教授）　第15章

（執筆順，所属は2016年 2 月末現在）

教材学概論

2016年4月15日　初版第1刷

編集……Ⓒ日本教材学会
発行人……福富　泉
発行所……株式会社 図書文化社
〒112-0012東京都文京区大塚1-4-15
TEL　03-3943-2511　FAX 03-3943-2519
振替　00160-7-67697
http://www.toshobunka.co.jp/
組版・印刷……株式会社 厚徳社
製本……株式会社 厚徳社
装幀……玉田素子

JCOPY　〈(社)出版者著作権管理機構　委託出版物〉
本書の無断複写は著作権法上での例外を除き禁じられています。複写される場合は，そのつど事前に，（社）出版者著作権管理機構（電話 03-3513-6969，FAX 03-3513-6979, e-mail : info@jcopy.or.jp）の許諾を得てください。

乱丁・落丁の場合は，お取り替えいたします。
定価はカバーに表示してあります。

ISBN978-4-8100-6670-8 C3037

教職や保育・福祉関係の資格取得をめざす人のためのやさしいテキスト

たのしく学べる最新教育心理学

桜井茂男 編　Ａ５判／256ページ●本体2,000円+税

目次●教育心理学とは／発達を促す／やる気を高める／学習のメカニズム／授業の心理学／教育評価を指導に生かす／知的能力を考える／パーソナリティを理解する／社会性を育む／学級の心理学／不適応と心理臨床／障害児の心理と特別支援教育

学習意欲を高め，学力向上を図る12のストラテジー

科学的根拠で示す学習意欲を高める12の方法

辰野千壽 著　Ａ５判／168ページ●本体2,000円+税

「興味」「知的好奇心」「目的・目標」「達成動機」「不安動機」「成功感」「学習結果」「賞罰」「競争」「自己動機づけ」「学級の雰囲気」「授業と評価」の12の視点から，学習意欲を高める原理と方法をわかりやすく解説する。

「教職の意義等に関する科目」のためのテキスト

新版 教職入門　―教師への道―

藤本典裕 編著　Ａ５判／224ページ●本体1,800円+税

主要目次●教職課程で学ぶこと／子どもの生活と学校／教師の仕事／教師に求められる資質・能力／教員の養成と採用／教員の地位と身分／学校の管理・運営／付録：教育に関する主要法令【改定教育基本法・学校教育法・新指導要領】

教育評価事典

辰野千壽・石田恒好・北尾倫彦 監修　Ａ５判／上製函／624ページ●本体6,000円+税

主要目次●教育評価の意義・歴史／教育評価の理論／資料収集のための技法／知能・創造性の評価／パーソナリティー，行動，道徳の評価／適性，興味，関心，態度の評価／学習の評価，学力の評価／各教科・領域の評価／特別支援教育の評価／カリキュラム評価と学校評価／教育制度と評価，諸外国の評価／教育統計とテスト理論

わかる授業の科学的探究

授業研究法入門

河野義章 編著
Ａ５判／248ページ
●本体2,400円+税

「変化のある授業」「楽しい授業」「わかる授業」とは？　最新の心理学的研究の知見をもとに，授業を多角的に分析・研究し，「よい授業」とは何かを問い直す。

●目次　授業研究の要因／授業を記録する／授業研究のメソドロジー／授業ストラテジーの研究／学級編成の研究／発話の研究／協同の学習過程の研究／発問の研究／授業タクティクスの研究／空間行動の研究／視線の研究／姿勢とジェスチャーの研究／板書の研究／学習者の課題従事の研究／ノートテイキングの研究／学習スキル教育の研究／ものづくり過程の研究／評価テストの作成／授業研究のためのデータ解析／校内研究の進め方

〒112-0012 東京都文京区大塚1-4-15　図書文化　TEL03-3943-2511　FAX03-3943-2519
http://www.toshobunka.co.jp/